Frieder Lauxmann

Wonach sollen wir uns richten?

Edition Orientierung
Herausgegeben von
Dr. Norbert Copray M.A.

Frieder Lauxmann

Wonach sollen wir uns richten?

Ethische Grundmodelle
von den Zehn Geboten bis zum Projekt Weltethos

Kreuz

Inhalt

Inhalt

Einleitung

Noch nie wurde über Ethik so viel geschrieben und verhandelt wie in unserer Zeit. Mit Büchern über Ethik, allein mit den in den letzten zwanzig Jahren neu erschienenen, könnte man ganze Bibliotheken füllen. Ethikkommissionen befassen sich mit aktuellen Grundproblemen und den Möglichkeiten moderner Naturwissenschaft und Technik. Und doch herrscht, wie einmal Hans Jonas gesagt hat, ein »ethisches Defizit«. Wenn es darum geht, Entscheidungen zu beurteilen, unsere eigenen und die anderer, die unwesentlichen und die weltpolitischen, sind wir nicht reicher, sondern ärmer geworden. Alte festgefügte Maßstäbe der Konvention und der Religion sind brüchig geworden, neue werden gesucht und oft wieder zerredet. Es fehlen feste Fundamente. Was dürfen wir? Was sollen wir dürfen? Wonach sollen wir uns richten? Das ist und bleibt die große Frage. Sie geht uns alle an, täglich. Wir beobachten eine Welt, die dem Menschen und seinen Machtansprüchen zu entgleiten droht. Wir alle werden immer mehr zu einer weltweiten Schicksalsgemeinschaft, und da müssen wir uns fragen: Machen wir denn etwas falsch? Können wir uns bessern, oder hat das Reden und Denken keinen Sinn, weil das Gute doch immer wieder unterdrückt wird?

Seit die Menschen sich ihrer selbst bewusst geworden sind, haben sie immer wieder versucht, die Grundlagen ihres Umgangs mit Ihresgleichen, mit Gott und der Welt, zu erkennen und zu ordnen. Unzählige Religionen, Weisheitslehren, Gesetze, Regeln und Gebote sind so in den verschiedenen Kulturen und Epochen entstanden. Hier wird nun der Versuch gemacht, einige der ethischen Grundmodelle in knapper und übersichtlicher Form darzustellen. Trotz aller Unterschiede dieser Typen haben sie eines gemeinsam: Sie sind alle auf ihre Weise aktuell geblieben. Es geht hier also nur indirekt um Geschichte. Was an diesen Lehren allenfalls von historischem Interesse ist, muss unberücksichtigt bleiben. Das hier Beschriebene spricht zu unserer heutigen Welt, es wird unmittelbar dazu beitragen, unseren Überblick und unsere Orientierung zu verbessern. Die »Thesen« am Ende jedes Modells dienen nicht nur als Zusammenfassung des Beschriebenen, sie enthalten teilweise auch eine kritische Bewertung aus heutiger Sicht. Der den einzelnen Abschnitten vorangestellte »ethische Imperativ« soll auf extrem knappe Weise die Richtung anzeigen. Die jeweils angefügte »Bewertung« ist der Versuch, positive und negative Seiten der Modelle zu erkennen. Dies will und kann nur ein Vorschlag sein.

Worum geht es in der Ethik?

Ethik ist die Lehre von den Maßstäben, anhand derer wir das Gute und das Böse zu beurteilen versuchen. Menschen streben normalerweise das Gute an, scheitern aber dabei immer wieder.

»Der Geist ist willig, aber das Fleisch ist schwach«, hat Jesus gesagt. Auf dem Weg zum Guten geraten die Menschen immer wieder ins Abseits. Wenn das nicht so wäre, bräuchten wir keine Ethik. Wenn alles gut wäre, wüssten wir gar nicht, was gut und was böse ist. Eine Welt, die aus lauter guten Menschen bestände, wäre so langweilig wie die Musik einer Orgel, deren Pfeifen alle gleich lang sind. Der Kampf um das Gute füllt unser Leben aus, obwohl wir wissen, dass wir nie siegen können, dass wir immer wieder von vorne anfangen müssen wie der von Albert Camus gepriesene Sisyphos. Wir müssen uns immer wieder fragen: Was wollen wir denn mit dem Streben nach dem Guten erreichen? Hier sollen daher einige Kriterien genannt werden, anhand derer wir versuchen können, die in diesem Buch dargestellten Lehren zu beurteilen.

Wenn wir uns über einige Grundannahmen einig sind, dann wollen wir eine Welt, in der die Menschen
- nicht hungern und frieren müssen,
- nicht fürchten, unterdrückt, vertrieben oder getötet zu werden,
- in sozialer Geborgenheit miteinander leben,
- rücksichtsvoll und aufrichtig miteinander umgehen,

– die Natur lieben und deren Lebensgrundlagen pflegen,
– sich mit ihren Kräften und ihrem Können bewähren dürfen, und dabei doch immer wieder ihre Grenzen beachten,
– sich über Zeit und Raum hinweg in Liebe geborgen fühlen können.

Solche und ähnliche Hoffnungen liegen mit unterschiedlicher Deutlichkeit und Betonung den meisten der hier vorgestellten Modelle zugrunde. Wenn wir sie kennen lernen, sollten wir uns überlegen, ob und inwieweit diese tatsächlich in der Lage sind, die angestrebten Ziele zu erreichen. Wir können die Modelle miteinander vergleichen und uns Gedanken über vielerlei Fragen machen: Wonach soll ich persönlich mich richten? Wie kann ich das Verhalten anderer beurteilen? Ist Ethik letzten Endes nicht mehr oder weniger eine Art rationaler Folgenabschätzung, oder muss sie sich einer höheren, über die menschliche Vernunft hinausgehenden Autorität verantwortlich fühlen? Gerade über diese Frage wurde und wird seit alten Zeiten nachgedacht und gestritten. Man kann dies ganz konkret darlegen: Das Grundgesetz für die Bundesrepublik Deutschland vom 23. Mai 1949 beginnt mit den Worten: »Im Bewusstsein seiner Verantwortung vor Gott und den Menschen ...«. Welche Bedeutung hat eine solche Formulierung ein halbes Jahrhundert später, in einer Zeit, in der ein Bundeskanzler schreibt: »Ich bin fest davon überzeugt, dass sich eine überzeugende moralische Position auch ohne Rekurs auf Gott vertreten lässt.«? Haben sich die Grundlagen der Ethik in den fünf Jahrzehnten, die seit der Schaffung des Grundgesetzes vergangen sind, so grundlegend geändert, oder kommt in der ausdrücklichen Ablehnung des Wortes Gott durch viele Politiker und Wissenschaftler zu Beginn des 21. Jahrhunderts nur eine zeit- und modebedingte Meinung zum Ausdruck? Eine andere Frage: Gibt es eine überkulturelle, weltumfassende Ethik, die unabhängig von ihrer weltanschaulichen Fundierung formuliert werden kann? Solche Themen werden in diesem Buch immer wieder direkt oder indirekt zur Sprache kommen, denn keiner, der sich ernsthaft mit Ethik beschäftigt, kann sich an ihnen vorbeimogeln.

Über den Unterschied
zwischen Moral und Ethik

Die Begriffe Moral und Ethik werden meist im Zusammenhang gebraucht, es ist aber oft schwierig, sie griffig auseinanderzuhalten. Die Überschneidungen sind groß, und Übersetzungen aus anderen Sprachen tragen zur Verwirrung bei, weil die Abgrenzungen dort mit denen im Deutschen teilweise nicht übereinstimmen. Wir sollten daher die Unterscheidung dieser Begriffe nicht allzu genau nehmen und uns nicht dabei aufhalten, wenn man der Ansicht ist, statt Ethik könnte oder müsste hier von Moral die Rede sein oder umgekehrt. Als Orientierung mag diese Gegenüberstellung dienen:

Moral	Ethik
Wie verhält sich ein guter Mensch?	Was ist »ein guter Mensch«?
Was ist gut, was ist böse?	Was ist »Gut und Böse«?
Wie ist man anständig?	Was ist Anstand?
Was reden die Leute?	Warum hört man auf die Leute?
Praxis der guten Sitten	Theorie der guten Sitten
Vielerlei Moral	Einheit der Ethik
Moral wandelt sich	Ethik ist ein statischer Begriff
Von diesem Baum sollen wir nicht essen!	Warum sollen wir von diesem Baum nicht essen?
Um moralisch zu sein, braucht man von Moral nichts zu verstehen.	Um Moral zu verstehen, muss man sich mit Ethik befassen.

Ethische Grundmodelle

Das erste Modell:
Moses und die Ethik des Alten Testaments

Ethischer Imperativ:
Höre auf Gott und folge seinen Geboten!

I. Die Zehn Gebote

Auch wenn Moses schon vor weit über dreitausend Jahren gelebt hat, ist doch manches, was unter und in seinem Namen zusammengetragen wurde, bzw. was er selbst geschrieben haben soll, aktuell geblieben. Uns interessiert in erster Linie der Teil der alttestamentarischen Morallehre, der bis heute wirksam geblieben ist. Die »Zehn Gebote« sind zur Grundlage nicht nur der jüdischen, sondern auch der christlichen und damit abendländischen Ethik geworden. Auch wenn der »Dekalog« (die Zehn Gebote) vielen bekannt ist, soll er hier (gekürzt) in den Worten einer modernen Übersetzung wiedergegeben werden. Die Zählung folgt dem Bibeltext aus 5. Mose (Deuteronomium), 5. Kapitel.

1. Ich bin der Herr, dein Gott. (…) Neben mir gibt es für dich keine anderen Götter.
2. Missbrauche nicht den Namen des Herrn.
3. Beachte den Tag der Ruhe. Halte ihn frei von Arbeit.
4. Ehre Vater und Mutter. (…)
5. Morde nicht!
6. Zerstöre keine Ehe!
7. Beraube niemand seiner Freiheit und seines Eigentums!
8. Sage nichts Unwahres über deinen Mitmenschen!
9. Suche nicht die Frau eines anderen an dich zu bringen!

10. Blicke nicht begehrlich auf das, was einem anderen gehört!

Hier ist nachzutragen, dass im 2. Buch Mose (Exodus) im 20. Kapitel die Zehn Gebote in einer anderen Zählweise dargestellt werden. Das 2. Gebot lautet dort so: »Fertige Dir kein Gottesbild an. (...)«. Das 9. und 10. Gebot sind dafür zusammengefasst.

Wenn wir das heute betrachten, stellen wir fest, dass diese Gebote keineswegs alle so selbstverständlich sind, wie man zunächst annehmen möchte. Die Grundlage dieser Ge- und Verbote ist für den angesprochenen Menschen die Unterwerfung unter den einen persönlichen Gott, den Schöpfer des Himmels und der Erde. Es ist der unsichtbare Gott, von dem man sich weder ein Bild machen kann, noch dessen Namen man aussprechen darf. Nur auf der Grundlage des Gehorsams gegenüber Gott haben diese Gebote überhaupt einen Sinn. Wer eines der Gebote übertritt, ist mit einer Schuld behaftet, die über die Verantwortung gegenüber den Mitmenschen hinaus geht. Diese Ethik ist metaphysisch fundiert, sie ist aus der Sicht der Glaubenden nicht von dieser Welt. Denn nicht nur eine weltliche Gerichtsbarkeit, sondern Gott selbst nimmt für sich das Recht der Bestrafung des Sünders in Anspruch. Unter dieser Prämisse stehen die Schriften des Alten Testaments.

Die Ethik des Alten Testaments ist nicht in erster Linie eine Lehre von Geboten und Verboten, sondern sie stellt in den Mittelpunkt den Menschen, der sich Gottes Liebe erwerben oder verscherzen kann, dabei aber immer die Chance behält, die Liebe sich wieder neu zu erwerben. Der gute Mensch liebt seinen Nächsten wie sich selbst, aber er tut dies im Namen des Herrn (3. Buch Mose/Levitikus 19,18).

II. Adam und Eva

Ein Beispiel dafür, wie man im Volk Israel versucht hat, die ethische Urerfahrung des Menschheitsbeginns in eine verständliche Sprache zu übertragen, ist der Mythos von Adam und Eva. Hier geht es noch nicht um einzelne Gebote, sondern um die fundamentale Frage jeder Ethik: Was ist Gut und Böse? Die Lehre geht davon aus, dass es eine vor- oder urmenschliche Zeit gegeben haben muss, in der der Mensch noch in vollkommener Einheit mit der Schöpfung (im Paradies) lebte. Der Mensch als Bestandteil der Natur konnte diese nicht beurteilen, weil er, um ein Urteil zu finden, sich aus dieser Einheit hätte herauslösen müssen. Nur wer der Natur gegenüber steht, kann versuchen, sie zu begreifen, zu bewerten oder sogar auf sie einzuwirken, um sie besser nutzen zu können. Das Versprechen der Schlange: »Ihr werdet wissen, was Gut und Böse ist«, hat sich mit dem Sündenfall nur teilweise erfüllt. Der Mensch kann durch sein Urteil sich die Natur nutzbar machen, er strebt danach, die Welt zu bewerten, aber er ist immer zum Scheitern verurteilt, wenn er eine verbindliche Auskunft anstrebt. Ein Teil des großen Geheimnisses bleibt. Den Preis für das Verlassen der kosmischen Allverbundenheit mit der Natur hat er mit der Vertreibung aus dem Paradies bezahlt. Sein Lohn, die Natur nicht nur zu beurteilen, sondern auch über sie herrschen zu können, wurde ihm seither in Raten ausbezahlt. Aber noch ist das Versprechen der Schlange, der Mensch werde einst wie Gott sein, nicht erfüllt, obwohl es immer noch viele gibt, die diese vergebliche Hoffnung umtreibt.

Die Vertreibung aus dem Garten der kreatürlichen Unschuld kann kein einmaliger Akt gewesen sein, denn er ist mit jedem Erwachsenwerden eines Menschen verbunden. Das Heraustreten des Menschen aus seiner Kindheit ist immer zugleich eine Vertreibung aus dem Paradies der kindlichen Kritiklosigkeit. Aber nicht nur dies, jeder neue Versuch, die Natur zu unterwerfen und sich dienstbar zu machen, geht mit dem Verlust einer unmittelbaren Verbindung einher. Die Sündenfälle werden auf jeweils moderne Weise fortgesetzt. Noch sind sie nicht abgeschlossen. Man könnte z.B. die Umweltethik unter gerade diesem Gesichtspunkt betrachten. Die Weisung an die Menschen: »Seid fruchtbar und mehret euch und füllet die Erde und macht sie euch untertan und herrschet über die Fische im Meer und über die Vögel unter dem Himmel und über alles Getier, das auf Erden kriecht« (1. Mose 1, 28), hat der Mensch gründlich befolgt. So gründlich, dass man sich heute fragt, wie denn das jetzt noch zu verstehen sei. Die von Luther verwendeten Begriffe »untertan« und »herrschen« werden heute anders übersetzt: »in Besitz nehmen« und »der Fürsorge anvertrauen«. Dies ist keine Verbiegung oder Beschönigung, denn die Sprache des 16. Jahrhunderts kannte so neutrale Begriffe wie Verwaltung und Fürsorge im heutigen Sinne noch nicht. Das Verhältnis zwischen Herrscher und Untertan forderte trotz allem Ungleichgewicht immer auch Schutz und Fürsorge für die ihm anvertrauten Menschen. Sie gilt auch gegenüber der Erde und ihren Schätzen. Wenn der Mensch diesen Satz so verstanden hat: »Beutet die Erde rücksichtslos aus und geht mit den Tieren nach eurem Belieben um, rottet Arten aus oder formt sie genetisch nach eurem Willen«, so kann er sich bestimmt nicht auf diese Bibelstelle berufen. Im Gegenteil, sie bürdet dem Menschen eine Verantwortung auf, der er sich immer wieder zu entziehen sucht.

Hinter diesem Dilemma lauert das größte und wohl unlösbare Problem der Religion. Nimmt der menschliche Verstand Gott einfach als allmächtigen Weltschöpfer an, von dem man nichts wissen kann, dann wäre jeder persönliche Gedanke an ihn reine Zeitverschwendung. Wozu sollte man sich um ein gutes Leben bemühen, wozu sollte man ethische Gebote beachten? Es geschieht ja doch alles so, wie Gott es bestimmt. Es genügten die Einsicht in das Unvermeidliche und die Hingabe an einen kosmischen Willensvollzug, und das wäre dann schon genug des Guten. So ist es aber im Alten Testament eben nicht angelegt. Es beginnt schon gleich mit der Auseinandersetzung zwischen Gott und Mensch. Adam und Eva beachten nicht das Tabu, das ihnen im Baum der Erkenntnis vorgegeben war, sie fordern Freiheit und Mitwisserschaft ein. Erst ihr Ungehorsam macht sie zu Menschen. Der Mensch rebelliert und sündigt, er wendet sich von Gott immer wieder ab. Er will sich verbergen und weiß doch, dass er beobachtet wird. Nur aus dem ständigen Ringen zwischen Gott und Mensch ist die Geschichte Israels – und nicht nur sie – zu verstehen.

III. Thesen

1. Der Mensch ist von Gott geschaffen und bleibt von ihm abhängig. Er schuldet ihm Liebe, Gehorsam und Dankbarkeit. Dafür wird er von ihm auf wundersame Weise geschützt.
2. Im Mittelpunkt der Ethik stehen die Zehn Gebote, die von Moses dem Volk Israel verkündet worden sind.
3. Der Mensch darf und kann Gott nicht erklären, darstellen oder definieren. Wenn er von ihm spricht, so sind das nur Umschreibungen des Unbeschreiblichen.
4. Niemand hat das Recht, Gott zu be- oder verurteilen. Wenn es in der Welt übel zugeht oder wenn es dem Menschen schlecht geht, muss er versuchen, auch darin göttliche Fügung zu sehen.
5. Wer gegen göttliche Gebote verstößt, kann insoweit nicht mit dem göttlichen Schutz rechnen, aber er darf Gnade und Vergebung erbitten.

6. Aus dem Gegensatz zwischen göttlicher Überordnung und menschlicher Unterordnung ergeben sich immer wieder neue Konflikte. Sie sind in das Lebenskonzept mit einzubeziehen.

IV. Bewertung

+ Die Zehn Gebote sind bis heute gültig, auch wenn sie längst nicht alle ethischen Probleme unserer Zeit abdecken.

Die Herleitung der Ethik von einem jenseitigen Schöpfer – und nicht nur aus menschlicher Erfahrung und Vernunft – verweist den Menschen in eine über ihn hinausragende Ordnung, aus der er Antrieb zum Guten und Geborgenheit zugleich beziehen kann.

Das Vertrauen in einen persönlichen Gott kann den Menschen stärken und heilen.

— Eine Gesellschaft vor rund 3000 Jahren hatte großenteils andere Vorstellungen und Probleme als die heutige. Manches im Alten Testament kommt uns heute abartig und hart vor.

Die Angst vor einem eifersüchtigen, auch gedankliche Sünden strafenden Gott kann Menschen niederdrücken.

Das zweite Modell:
Das Taoteking des Laotse

Ethischer Imperativ: Lebe im Einklang mit dem Sinn der Welt!

I. Der namenlose Weise

Tien Ken wanderte auf der südlichen Seite des Berges Yin. Als er zum Fluss Liao gelangte, begegnete er einem namenlosen Weisen, zu dem er sprach: »Bitte sage mir, wie die Welt zu regieren ist.« Der namenlose Weise sagte: »Mach' dich fort, du Narr! Warum stellst du eine derart plumpe unpassende Frage?« (...) Tien Ken stellte jedoch seine Frage ein zweites Mal. Der namenlose Weise erwiderte: »Lass deinen Geist durch das Reine und Einfache schweifen. Sei eins mit dem Unendlichen. Lass alle Dinge ihren natürlichen Lauf nehmen. Versuche nicht, geistreich zu sein. Dann wird die Welt gelenkt werden.«

Wer ist der »namenlose Weise«, den Tschaung Tse, der chinesische Lehrer und Verbreiter des Tao im 4. vorchristlichen Jahrhundert, hier sprechen lässt? Es wird wohl niemand anders sein als der große Meister selbst: Laotse. Dieser hatte in seinem Taoteking im 60. Spruch gesagt: »Regiert man die Welt mit Tao, erheben sich die bösen Mächte nicht.« Ist diese Aussage wirklich ernst zu nehmen, oder ist sie nur ein frommer Wunsch? Vermutlich gilt beides: Man soll die frommen Wünsche ernst nehmen, vielleicht werden sie dann irgendwann einmal Wirklichkeit, und sei es auch nur für einen Moment des Glücks.

Die zentrale Aussage des Taoteking zu Tugend und Moral besteht darin, dass man sie nicht braucht, dass sie eigentlich von Übel sind. Wer von ihnen redet, meint es nicht redlich. »Hohe Tugend ist nicht tugendbewusst, darum ist sie wahre Tugend. Niedere Tugend ist tugendbewusst, darum ist sie nicht wahre Tugend.« Man darf also in seinem guten Handeln nicht das Gute in irgendeiner Weise beabsichtigen. Man darf nicht gut sein wollen. Wer gut ist, ist einfach gut. Das unaussprechliche Tao umfasst die unaussprechliche Tugend. Daher: »Wenn das Tao verloren gegangen ist, fängt man an, von Tugend zu sprechen. Wer wahre Tugend nicht versteht, der redet von Menschlichkeit. Wer die Menschlichkeit aus den Augen verliert, begnügt sich mit Gerechtigkeit. Wem es nicht mehr wirklich um Gerechtigkeit geht, der beruft sich auf die Moral. Die Moral ist nur der äußere Schein von Treu und Glauben und der Beginn der Verwirrung.« (nach Spruch 38)

Laotse stellt also eine Hierarchie der ethischen Weisheit auf, bei der die Stufen eine jeweils höhere ethische Ebene darstellen. Wer das Tao hat, der braucht sich sonst um nichts mehr zu kümmern. Die beigefügten Erklärungen stehen nicht im Taoteking, sie sind aus ihm abgeleitet. Die Leiter ist hier andersherum dargestellt. Die jeweils nächste Stufe macht die überwundene überflüssig:

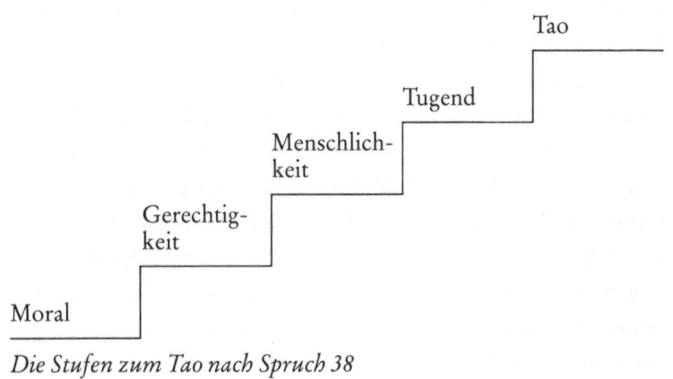

Die Stufen zum Tao nach Spruch 38

1. Moral. Sie besteht nur aus formelhaften Regeln und Traditionen ohne inneren Wert. Ihr Bezug zum Ganzen ist gering.
2. Gerechtigkeit. Sie ist der Versuch, mit der Vernunft, mit Maß und Gewicht ein Problem zu lösen. Die Vernunft als solche braucht noch nicht beseelt zu sein. Sie ist vordergründig.
3. Die Menschlichkeit steht höher als die Gerechtigkeit, weil sie den Bezug zum Ganzen, zum Selbst ermöglicht, aber auch sie kann oberflächlich umschrieben werden.
4. Die (niedere) Tugend steht höher, weil sie den ganzen Menschen, nicht nur das einzelne Problem und nicht nur die Gegenwart umfasst. Wenn man sich ihrer aber bewusst ist, wenn man von ihr redet, wenn man sie rühmt, dann bleibt sie etwas Vordergründiges, Aufgesetztes, etwas, das nicht aus dem Inneren des Menschen zu sprechen braucht. Sie allein ist noch nicht das Wahre.
5. Das Höchste ist das Tao. Es ist namenlos und undefiniert. Es umfasst nicht nur den weisen Menschen, sondern mit dem Anfang von Himmel und Erde das All. Es ist raum- und zeitlos. Wer es hat, der steht über allem, was man mit Worten beschreiben kann.

Das unergründliche und unübersetzbare Tao wird in manchen Texten auch als Sinn, Weg, Bahn, Führerin des Alls usw. bezeichnet. Vergleichbare Begriffe wären Universum, All, Kosmos, Logos, Weltgeist, Gott. Keine von diesen Umschreibungen trifft das Tao, aber dennoch ergäbe das Taoteking auch dann einen Sinn, wenn man jeweils eine von ihnen statt Tao setzen würde. Wie aktuell Laotse über die Jahrtausende geblieben ist, das zeigt sich an folgender Ausdeutung seiner Abstufung: Eine Gesellschaft, in der die Beziehung zu Gott verloren gegangen ist, begnügt sich damit, Humanität und Menschenwürde zu fordern. Versteht sie selbst solche Begriffe nicht mehr richtig, dann fangen die Zeitgenossen an, von Recht und Ordnung zu reden.

Das Tao muss vom Menschen verinnerlicht werden, bevor er indirekt und unaussprechlich von ihm etwas für sein eigenes Verhalten herleiten kann. Wem dies gelingt, der erwirbt sich dadurch keinen Anspruch auf ewige Erlösung oder einen Logenplatz im Himmel, sondern nichts anderes als Weisheit in ihrer erhabensten Vollendung. Es ist nun aber nicht so, dass das Taoteking sich jeder konkret bezeichenbaren Tugendlehre enthalten würde. Einzelne der in ihm gepriesenen Tugenden sollen hier erwähnt werden: Selbsterkenntnis, Liebe, Genügsamkeit, Bescheidenheit, Friedfertigkeit, Mut zum Nicht-Wagnis, bzw. Tapferkeit gepaart mit Vorsicht (73). Das hört sich fast schon wie eine dialektische Schlitzohrigkeit an, aber im Tao erhält diese Lehre ihren Sinn: Der Weise übertreibt nichts, weder seinen Mut noch seine Feigheit, er findet den Weg zum Erfolg, weil er mit dem Tao gelernt hat, vorauszuschauen: »Man muss wirken auf das, was noch nicht da ist« (64). Aber selbst dieses »Wirken« wird wieder relativiert: »Der Weise fördert den natürlichen Lauf der Dinge und wagt nicht, zu handeln.« (64) Es gibt also ein Handeln durch Nichthandeln, ein aktives Gewährenlassen. Das gilt auch sich selbst gegenüber; nur so entstehen Gelassenheit, Leidenschaftslosigkeit, Wunschlosigkeit.

II. Schwaches besiegt das Starke

Wer nun meint, mit diesen Eigenschaften könne man es allenfalls zum weltabgewandten Mystiker in der Einsamkeit bringen, der versteht die Lehre des Laotse noch nicht. Sie verspricht dem Weisen Sieg, Erfolg und Macht, wenn auch nicht im materiellen Sinn. »Dass Schwaches das Starke besiegt, und Weiches das Harte besiegt, weiß jedermann auf

Erden, aber niemand vermag danach zu handeln.« Diese Lehre des 78. Spruchs bekennt sich zur scheinbaren Absurdität des ganzen Buches. »Wahre Worte scheinen oft widersinnig.« Und in diesem Zusammenhang schildert Laotse eine Hoffnung, der vielleicht sogar eine konkrete Erfahrung zugrunde liegt: »Wer den Schmutz des Reiches auf sich nimmt, der ist der Herr bei Erdopfern. Wer das Unglück des Reiches auf sich nimmt, der ist der König der Welt.« Diese eigenartige, ja paradoxe Formulierung fordert zu einem Vergleich mit einer Prophezeiung heraus, die möglicherweise aus dem gleichen Jahrhundert stammt, aber in einer völlig anderen und von China sicher unabhängigen Kultur entstanden ist. Es geht um einen Text, den ein jüdischer Prophet im Jesajabuch formuliert hat. Er schreibt in der Vergangenheitsform von einem Beauftragten (Knecht) Gottes. »Voller Abscheu wandten wir uns von ihm ab. Wir rechneten nicht mehr mit ihm. In Wahrheit aber hat er die Krankheiten auf sich genommen, die für uns bestimmt waren, und die Schmerzen erlitten, die wir verdient hatten. (...) Er wurde misshandelt, aber er trug es, ohne zu klagen. (...) Er wurde verhaftet, verurteilt und hingerichtet, und keiner hat sich darum gekümmert. (...) Von ihm sagt der Herr: Mein Beauftragter kennt meinen Willen. (...) Deshalb will ich ihn zu den Großen rechnen...«. (53. Kapitel)

Üblicherweise wird in christlicher Tradition mit diesem Jesajatext eine Vorhersage der Leiden und Weltüberwindung von Jesus verbunden. Sollten Laotse und Jesaja gemeinsam einem Weltprinzip auf der Spur gewesen sein? Lag ihre Lehre im Ergebnis vielleicht doch nicht so weit auseinander, wie man gemeinhin annimmt? Wenn die beiden Recht hatten, dann müsste auch in der Gegenwart mit Mäßigung, Bescheidenheit und dem Aufsichnehmen von fremder Schuld etwas zu erreichen sein. Man müsste einmal darauf achten, wie erfolgreich und folgenreich manche

Menschen des 20. Jahrhunderts waren, die von Staats wegen gequält wurden, oder die einem Attentat zum Opfer gefallen sind. Hierbei wären nicht nur Mahatma Gandhi und Martin Luther King zu nennen; beide waren Anhänger einer friedlichen Widerstandspolitik. Es gab und gibt zahlreiche Menschenrechtler, die ihren Erfolg mit dem Leben oder mit jahrelanger erniedrigender Verfolgung und Gefangenschaft bezahlen mussten und müssen. Die Erfolge, die Laotse in seiner »Ethik« verspricht, sind also tatsächlich möglich, nur können sie sich für die Betroffenen ziemlich unangenehm auswirken. Doch auch darüber wusste Laotse schon Bescheid: »Wenn die Leute den Tod nicht scheuen, wie will man sie dann mit dem Tode einschüchtern?« (74)

III. Thesen

1. Aus dem Tao folgt alles. Wer es hat, braucht sich um das richtige Verhalten nicht mehr zu kümmern.
2. Der Begriff Tao ist nicht analysierbar. Wer das versucht, der hat das Tao nicht. Das Wort ist daher auch nicht übersetzbar. Man kann es mit Sinn, Bahn, Weg, Führerin des Alls nur unzureichend bezeichnen. Vergleichbare Begriffe sind auch: Universum, Logos, Weltgeist, Kosmos, All, Gott. Setzt man einen solchen Begriff statt Tao, ergibt sich ebenfalls ein Sinn in den Texten, wenn auch jeweils ein etwas anderer.
3. Das Tao fordert absolute Gewaltlosigkeit, Friedfertigkeit, Anspruchslosigkeit. Erfolge im Sinne des Tao sind nicht materiell, sondern geistig. Sie machen den Menschen erhaben, weise, erleuchtet, führen aber nicht zu einer darüber hinausgehenden Belohnung im Jenseits.

IV. Bewertung

+ In seiner bestechenden Kürze ist das Taoteking als Weisheitsbuch bis heute unübertroffen.

Die Ablehnung jedes Formalismus und jeder vordergründigen Lehre ist überzeugend und auch für die Gegenwart aktuell.

Das Bekenntnis zu Anspruchslosigkeit und Gewaltlosigkeit kann als Mahnung für jede Zeit verstanden werden.

— Der – je nach Übersetzung – »weise« oder »erleuchtete« Mensch im Sinne des Taoteking käme mit der heutigen Welt nur schwerlich zurecht. Als Vorbild ist er fast unerreichbar.

Im Taoteking ist naturgemäß nur ein Teil der ethischen Probleme unserer Zeit abgehandelt.

Das dritte Modell:
Der Mensch auf dem Pfad der Erleuchtung –
die ethischen Lehren des Buddha

Ethischer Imperativ: Lerne, nichts zu erwarten!

I. Der verlorene Sohn

Ein Sohn verließ sein Vaterhaus und wanderte in der Welt umher. Er brachte es zu nichts. Der Vater hingegen wurde ein reicher und mächtiger Mensch, sehnte sich aber immer nach seinem »verlorenen« Sohn. Dieser kehrte eines Tages mittellos in seine Heimat zurück. Der Vater erkannte seinen Sohn zwar wieder, verriet das aber niemandem, nicht aber erkannte der Sohn den Vater, denn er fürchtete sich vor Reichtum und Macht. Der reiche Vater wollte seinen Sohn und Erben heimlich in sein Schloss bringen lassen, aber der Sohn weigerte sich und schrie vor Angst. Da stellte der reiche Vater den armen Sohn in seine Dienste, ließ ihn Unratbehälter reinigen und in einer Strohhütte wohnen. Wenn der Vater mit dem Sohn sprach, legte er sich selbst ärmliche Kleider an und beschmutzte sich, um Vertrauen zu gewinnen. Er sagte: Betrachte mich, als ob ich dein Vater wäre. Dies akzeptierte der Sohn. Nach zwanzig Jahren legte sich die Scheu, und der mittellose Sohn wurde allmählich mit dem Reichen und seinem Haus vertraut. Vom Reichtum seines Vaters wollte er jedoch noch immer nichts wissen. Als der Vater auf dem Totenbett lag, klärte er alle über seinen Sohn auf und hinterließ ihm sein ganzes Vermögen.

Dieses Gleichnis, das hier in Kurzfassung wiedergegeben ist, steht in einer von dem Indologen und Religionsphilosophen Helmuth von Glasenapp herausgegebenen

Sammlung und Nachdichtung von buddhistischen Grundtexten (1956). Interessant wäre ein Vergleich mit der Geschichte vom verlorenen Sohn, die Jesus erzählt. Dort ist alles ganz anders. Vater und Sohn fallen sich bei der Heimkehr des Sohnes in die Arme, und es wird ein Fest gefeiert. Im buddhistischen Text endet die Geschichte jedoch damit, dass ein Mensch erst nach vielen Jahren plötzlich seelisch reich und Erbe eines großen geistigen Besitzes wird: Er empfängt die Erleuchtung. Der Sohn hat zeitlebens nach nichts gestrebt, er verzichtete auf jeden materiellen Reichtum und lebte mit niedrigster Arbeit freiwillig in Armut. Er trachtete nicht nach dem Himmelreich oder nach dem Reich Gottes, wie es Jesus wärmstens empfohlen hatte, er trachtete nach nichts, nicht einmal danach, eine etwas bessere Stelle am Hof des Vaters zu erlangen. Die nicht angestrebte Belohnung für die völlige Anspruchslosigkeit ist ein Grundmotiv buddhistischer Ethik. Der verlorene Sohn kehrt nicht heim aus Not, weil er diese nicht beklagt, er findet sein Vaterhaus, braucht aber den Vater nicht. Und doch erwirbt er paradoxerweise seine Freude, die ihm als Erbe zuteil wird, als der Vater die Erde verlässt. – Wer jedoch ist der Vater? Es gibt im »klassischen« Buddhismus weder Schöpfer noch Weltenlenker, auch kein ewiges Selbst, also auch kein individuelles Weiterleben nach dem Tod. Der Sohn hat nichts, braucht nichts und sucht nichts, ja er nimmt nicht einmal angebotene Wohltaten an. Der ererbte Reichtum besteht in Erleuchtung und in der Befreiung vom Selbst.

Der Buddhismus als Weltanschauung bildet keine Einheit. Zwar gibt es einen legendären Gründungsvater, den Buddha Gautama Siddharta, der um 560 bis 480 vor Christus gelebt und gelehrt hat. Dieser selbst hat jedoch, wie übrigens auch ein halbes Jahrtausend später Jesus, keine schriftlichen Texte hinterlassen. Was der Gautama gelehrt hat, wurde mündlich überliefert und später viele

Generationen lang von seinen Anhängern in freier Nachempfindung schriftlich niedergelegt, und zwar in weit voneinander entfernten Ländern des südlichen Asien. Es gibt zahlreiche und umfangreiche buddhistische Schriften, aber keine Kodifizierung, keine »Bibel«, in der ein für alle Mal und für alle verbindlich die heiligen Texte gesammelt sind. Es gibt keinen buddhistischen »Papst«, der gegebenenfalls mit Waffengewalt oder durch die Errichtung von Scheiterhaufen für die Reinheit der Lehre kämpft. Doch hat es auch innerhalb des Buddhismus Glaubenskämpfe um die wahre Lehre gegeben.

Der Buddhismus verkündet keine »reine Lehre«, sondern die »reine Leere«, die völlige Befreiung von allem Irdischen durch die Aufgabe des eigenen Willens. Der Mensch soll nicht nach Reichtum, sondern nach dessen Gegenteil streben. Er findet letztendlich kein ewiges Leben, sondern die ewige Befreiung vom Leben im Nirvana. Glasenapp versuchte mit Begriffen wie »Nichtirgendetwasheit«, »Grenzscheide von Unterscheiden und Nichtunterscheiden«, »Einspitzigkeit des Denkens« und vielen anderen, buddhistische Aussagen zu deuten, die in kein europäisches Vokabular, Programm oder Denksystem passen. Immerhin kann eine Weltanschauung, der mindestens eine halbe Milliarde Menschen direkt oder durch überlagerte Traditionen indirekt verbunden sind, nicht außer Betracht bleiben, wenn es darum geht, ethische Wertmaßstäbe in der heutigen Welt zu suchen. Rechnet man die Bevölkerung Chinas mit den verschiedenen Erscheinungsformen von Taoismus und Konfuzianismus etc. ebenfalls noch zum Buddhismus, so wären allein hier über eine Milliarde Menschen zu verzeichnen, die in einem Land leben, dessen Traditionen trotz aller Säkularisierung sich immer noch teilweise auf im weitesten Sinne buddhistische Wurzeln zurückführen lassen. Auch in Japan spielt der Buddhismus neben dem Shintoismus noch eine große Rolle.

II. Karma und Dharma

Der in Versenkung in sich gekehrte Mensch erlebt seine Freuden ohne materiellen Besitz. Aber selbst Buddha wusste schon, dass man allein aus der Vorfreude auf das todlose völlige Erlöschen (Nirvana) eines Individuums keine Ethik herleiten kann. Der Mensch muss daher, bevor er dieses Ziel erreicht, mit der Belastung durch das Karma (die Taten) früherer Existenzen rechnen. Dabei handelt es sich nicht um sein individuelles früheres Leben, sondern um das Karma aus vielerlei Leben, von Menschen, Tieren und Dämonen. Wer eine höhere Existenz nach seinem Tode anstrebt, der muss die Voraussetzungen in diesem Leben zu schaffen versuchen. Hieraus ergeben sich ethische Motive, die in verschiedenen Texten meist auf ähnliche Art dargestellt werden. Der Mensch soll die drei Grundübel vermeiden: Sinnenlust, Geltungstrieb, (Ichbezogenheit, »Werdelust«) und Gleichgültigkeit gegenüber den Weisheitslehren (»Nichtwissen«). Der Erleuchtung suchende Mensch soll zehn Vollkommenheiten (Kardinaltugenden) anstreben:

1. Spenden (Hilfsbereitschaft)
2. Sittliche Zucht
3. Entsagung (Aufgabe von Ichbezogenheit und weltlichen Ansprüchen)
4. Erkenntnis (Einsicht in die heiligen Lehren)
5. Energie
6. Geduld
7. Wahrhaftigkeit
8. Standhaftigkeit
9. Gleichmut
10. Liebe zu allen Wesen (diese umfasst nicht nur die ganze Menschheit, sondern auch jedes andere Wesen in der gesamten Natur).

Die Liebe zu allen Wesen beruht auf ihrer Beseeltheit und ihrer Teilhabe am »Dharma«, den unpersönlichen Daseinsfaktoren, also an den Dingen, die in irgend einer Weise mitursächlich für erkennbare Gefühle und Ereignisse des Lebens sind. Das »Dharma«, das in der buddhistischen Lehre eine große Rolle spielt, kann auf folgende Weise zu erklären versucht werden: »Geruch« ist ein Sinn des Menschen und zugleich eine sinnlich wahrnehmbare Erscheinung. Die Unterscheidung zwischen dem, der etwas riecht, dem, was gerochen wird, und dem, wie etwas gerochen wird, ist im abendländischen Denken fest verwurzelt. In der Lehre vom Dharma wird dies als flüchtige Einheit aufgefasst. Objekt, Subjekt sowie die beide verbindende Kausalität sind also nicht getrennt, sie verschmelzen zu einem »Ding« (Dharma), das etwas Eigenes ist. So verstanden steht der fühlende und empfindende Mensch nicht im Mittelpunkt des Weltgeschehens und kann daher für sich auch keine Sonderstellung erwarten, denn der Mensch ist nur eine vorübergehende Erscheinung in der ewigen Wiederkehr, wie alles andere auch. Solange ein Mensch sich und seine Gefühle für besonders wichtig hält, wird er der Erleuchtung nicht näher kommen.

Es gibt jedoch nicht nur den asketischen Buddha im Lotussitz mit geschlossenen Augen und großen Ohren, sondern auch den genüsslich lächelnden mit dem dicken Bauch. Denn im Buddhismus ist es nicht überall bei den strengen Anschauungen und Lehren geblieben, sonst wären von ihm beherrschte oder beeinflusste Völker nicht zu Macht und Reichtum gekommen.

So entstand z.B. in Japan teilweise in Verbindung mit der dort angestammten Shinto-Religion ein Buddhismus, in dem die Welt- und Lebensbejahung an die Stelle der Welt- und Lebensverneinung tritt. Unter dem Einfluss der Zen-Sekte bildete sich seit dem 12. (nachchristlichen) Jahrhundert ein Meditations-Buddhismus heraus, der

Denk – und Meditationsweisen auch in den Dienst irdischer Ziele stellte. Man könnte das Ziel etwa so formulieren: Es geht darum, mit dem Unendlichen in Berührung zu kommen, ohne das Leben eines Bettelmönchs führen zu müssen. Klöster als Dienstleistungsunternehmen haben dabei sicher eine zukunftsweisende Funktion. Immerhin gilt die Erkenntnis: Wer mit dem Buddhismus, in welcher Form auch immer, ernsthaft in Berührung gekommen ist, der droht für weltlichen Saus und Braus ungeeignet zu werden.

III. Thesen

1. Da es für den Buddhismus weder einen Weltenschöpfer noch einen Weltenlenker, auch kein Weiterleben der eigenen individuellen Seele gibt, ist der Mensch in erster Linie dem Weiterleben in anderen Existenzformen verpflichtet. Die fortwirkenden, über die einzelne Existenz hinausreichenden Handlungen werden als Karma bezeichnet.
2. Der Mensch muss versuchen, die Voraussetzungen für eine höhere Existenz in einem späteren Leben zu schaffen. Das Endziel nach einer Kette von Wiederverkörperungen ist die Befreiung von jeder Art von Leben, der »todlose Tod« im Nirvana.
3. Auf den Pfad der Erleuchtung gelangt man in vollkommener geistiger und materieller Bedürfnislosigkeit.
4. Im Mittelpunkt ethischer Forderungen stehen Mitleid und Mitfreude, die allen Lebewesen, nicht nur den Menschen, gelten müssen.
5. Es gibt den asketischen und den dicken Buddha.
6. Unter dem Einfluss des Zen stehen buddhistische Meditationsübungen auch im Dienst eines weltlichen Lebens.

IV. Bewertung

+ Der Buddhismus bekennt sich ausdrücklich zum Schutz aller Kreaturen und zur Verantwortung gegenüber der Natur.

Die durch den Buddhismus und andere asiatische Religionen entwickelten Meditationspraktiken erlangen auch für die westliche Welt immer größere Bedeutung.

Die Verantwortung für das Karma eines Menschen kann ihm Antrieb zu einer ethisch fundierten Lebensweise sein.

Die auch im Buddhismus zentrale Forderung nach Bedürfnislosigkeit bietet ein Gegengewicht zu Habgier und Ausbeutung anderer.

— Gefahr der Weltabgewandtheit und einer nur in-sich-gekehrten Lebensweise.

Eine nur persönlich erlebte Erleuchtung bringt die Gesellschaft nicht weiter.

Das vierte Modell:
Die Ethik der griechischen Klassik

Ethischer Imperativ: Strebe nach dem Wahren,
Schönen und Gerechten!

I. Platon

Platon zählt in seinem Buch »Die Gesetze« (731 D) vier
ethische Ziele auf: das Wahre, das Gute, das Schöne und
das Gerechte. Man kann solche platonischen Ideen nicht
ein für alle Mal zutreffend erklären, der Mensch kann jedoch danach streben, sie in seinen Taten zu verwirklichen.
Wem dies gelingt, der ist für Platon der Fromme. Eine
derartige Frömmigkeit hat nichts mit religiösem Eifer zu
tun, sondern sie ist das, was einen Menschen fähig macht,
Verantwortung für andere, insbesondere im Staat ein hohes Amt, zu übernehmen, vielleicht sogar, sich für die
Ideale zu opfern. Die Suche nach dem Guten widerspricht
der Gier nach Macht und Besitz, nicht aber dem Streben
nach Autorität.

Angenommen, ein Mann beherrscht seine Mitmenschen als Tyrann. Er hat alle Macht und alle weltlichen
Güter zur Verfügung. Muss ein solcher Mensch nicht Ge-
nugtuung erfahren und seine Macht genießen? Nein, sagt
Platon, denn: Ein Mensch, der seine »Seele schlecht ver-
waltet« (Gesetze 579 B), kann nicht glücklich sein, man
muss ihn als den unglücklichsten Menschen bezeichnen,
weil er im Gefängnis seiner Macht sitzt. Der Schein der
Macht ist trügerisch, der Tyrann ist in Wahrheit ein Sklave
von Unterwürfigkeit und Dienstbarkeit. Er hegt und
pflegt die Schlechtigkeit bei sich und anderen Menschen.
Der schlechte Mensch wird von Zügellosigkeit und von

seinen Lüsten beherrscht (Phaidon 68 a), er klebt am körperlichen Leben, hält den Tod für das Schlimmste und vertraut nicht auf die Unsterblichkeit seiner Seele. Solche Tyrannen erscheinen daher auch bei Sophokles und Euripides als Tragödiengestalten. Glück im Sinn der »Eudämonie«, also der inneren Glückseligkeit im Gegensatz zum Lotteriegewinn, kann für Platon nur der Mensch erlangen, der sich den Idealen verschrieben hat.

Der materielle Genuss ist dem gegenüber zweitrangig. Schon auf dieser Welt kann der schlechte Mensch ein zügelloses Leben nicht wirklich genießen, weil er Sklave seiner Begierden und Ängste ist. Darüber hinaus hat es auch im Jenseits negative Folgen für ihn.

Diese Grundlagen der platonischen Ethik sind im menschheitsalten Glauben an ein Jenseits verwurzelt. Das Böse stammt aus dieser, das Gute aus der jenseitigen Welt. Wer also das Böse meiden will, muss aus dieser Welt fliehen. Das heißt natürlich nicht, sich dem Tod zu weihen oder ihn lebenslang herbeizusehnen, es bedeutet aber, von den materiellen Verlockungen der Welt sich innerlich zu lösen: »Diese Flucht ist aber nichts anderes, als Gott möglichst ähnlich zu werden, und ihm ähnlich werden bedeutet, gerecht und fromm zu werden, verbunden mit Einsicht.« (Theaithetos 176a) Der Grund ist der: Das Wahre und Gute liegt in seiner reinen Form bei Gott. Große Werke kann nur der Mensch vollbringen, der diesen edlen Zielen in ihrer reinen, göttlichen Form nachstrebt. Dies gilt nicht nur für den Staatsmann, sondern auch für den Künstler und Handwerker. Die platonische Frömmigkeit ist also nicht der Eifer für einen bestimmten Kult oder das äußerlich erkennbare Streben, besser als andere zu sein. Es ist das unauffällige Ziel, die Ideale des Wahren, Guten, Schönen und Gerechten im Leben für sich und andere zu verwirklichen.

Die von Platon geschilderte Gemeinschaft kennt zwar

das Ideal der Freiheit, aber zugleich warnt er auch vor ihr, etwa so: Wo kämen wir denn hin, wenn alle frei und gleichberechtigt wären? Da verkäme jede Ordnung und Autorität in der Gesellschaft. Die Unersättlichkeit ist der größte Feind der Demokratie. Die Freiheit als höchstes Gut der Demokratie zerstört diese, wenn sie im Übermaß gewährt wird. Was passiert, wenn man der Jugend zu viel Freiheit gewährt, lässt Platon den von ihm geschilderten Sokrates so sagen: »Der Lehrer fürchtet unter diesen Verhältnissen seine Schüler und schmeichelt ihnen; die Schüler aber haben keinen Respekt vor ihren Lehrern und ebensowenig vor ihren Erziehern; überhaupt stellen sich die Jungen den Älteren gleich und suchen, es ihnen in Worten und Taten gleichzutun. Die Alten aber lassen sich zu den Jungen herab und treiben lauter Scherze und Späße mit ihnen und gebärden sich wie Jünglinge, um ja nicht den Anschein zu erwecken, als seien sie griesgrämig oder herrisch.« (Staat 563 a) Auch wenn Sokrates das Fernseh-Jugendprogramm noch nicht gekannt hat, wusste er doch schon Bescheid. Ein Beweis, wie zeitlos ethische Erkenntnisse sind.

Auch über den modernen Umgang mit der Börse urteilte schon Sokrates: »Ein schmutziger Mensch ist der also, der aus allem seinen Vorteil zieht und sich Reichtum zusammenrafft.« (Staat 554b). Wer nicht zum Verzicht bereit ist, kann kein tugendhafter Mensch werden. Tugenden reinigen den Menschen, Habsucht verschmutzt ihn.

»Besonnenheit, Gerechtigkeit, Tapferkeit und weise Einsicht selbst sind eine Art von Reinigung.« (Phaidon 69a) Mit diesen Begriffen zählt hier Platon die vier »Kardinaltugenden« auf, die bis ins Mittelalter und weit darüber hinaus eine zentrale Rolle in der praktischen Ethik spielten.

II. Aristoteles

Wo Platon noch reichlich abstrakt und allgemein blieb, versuchte sein Schüler Aristoteles, in seiner »Nikomachischen Ethik« daraus ein praktikables Tugendsystem zu machen. Dass er sich dabei nicht sklavisch an seinen Lehrer hielt, sondern seine eigenen Vorstellungen in den Vordergrund stellte, ist bei einem so großen Denker selbstverständlich. Aristoteles holt die Tugend auf die Erde herunter. Ihm geht es nicht um Reinigung und Jenseits wie Platon, sondern um den Erfolg im Leben. Tugend muss der Mensch im Lauf seines Lebens erwerben, und zwar entweder durch Belehrung oder durch Gewohnheit. Von Natur aus ist der Mensch nicht tugendhaft, und gut wird er nur durch Anpassung: »Die Tugenden entstehen in uns also weder von Natur, noch gegen die Natur. Wir sind vielmehr von Natur dazu gebildet, sie aufzunehmen, aber vollendet werden sie durch die Gewöhnung.« (2. Buch 1) Die vier Kardinaltugenden treten auch bei Aristoteles wieder auf, aber diesmal nüchtern und ohne Pathos: »Die Tugenden erwerben wir, indem wir sie zuvor ausüben, wie dies auch für die sonstigen Fertigkeiten gilt. Denn was wir durch Lernen zu tun fähig werden sollen, das lernen wir eben, indem wir es tun: Durch Bauen werden wir Baumeister und durch Kitharaspielen Kitharisten. Ebenso werden wir gerecht, wenn wir gerecht handeln, besonnen durch besonnenes, tapfer durch tapferes Handeln.« Die in diesem Satz nicht ausdrücklich erwähnte Einsicht als vierte Tugend besteht bei Aristoteles vor allem im richtigen Abwägen zwischen den Extremen, im Treffen der Mitte.

Alles Theoretisieren darüber bringt uns jedoch nicht weiter, meint er. Das Treffen der Mitte muss man einfach lernen, es zeigt sich beim konkreten Anlass. »Weder eine Wissenschaft noch allgemeine Empfehlungen sind dafür zuständig, sondern die Handelnden selbst müssen die jeweilige Lage bedenken.«

Es kommt darauf an, dass schon dem Jugendlichen gezeigt wird, wie man diese Tugenden zur Gewohnheit macht. Alexander, der berühmteste Schüler des Aristoteles, verdankte seinen Erfolg sicher zu einem großen Teil dieser Lehre.

III. Thesen

1. Der Mensch soll nach dem Guten, Wahren, Edlen und Gerechten streben.
2. Der tugendhafte Mensch ist seelisch mit dem Jenseits verbunden, von dort stammen seine Ideale.
3. Glückseligkeit ist ein menschliches Ziel. Sie gründet nicht auf zufälligem Glück, auf Macht und Besitz, sondern auf seelischem Wohlergehen, das sich einstellt, wenn man ein tugendhaftes Leben führt.
4. Die vier wichtigsten Tugenden sind: Einsicht, Besonnenheit, Gerechtigkeit, Tapferkeit.
5. Tugenden reinigen, Laster beschmutzen einen Menschen.
6. In allem, was wir anstreben können, müssen wir das Maß beachten und den richtigen Weg zwischen den Extremen suchen.
7. Tugenden müssen von Jugend an gelehrt und gelernt werden.

IV. Bewertung

+ Platon und Aristoteles fordern auf zeitlose, bis heute gültige Weise den weltoffenen, für das Gute kämpfenden und verantwortungsbewussten Menschen.

Platons Bekenntnis zum Geistigen, Ideellen bewährt sich als Alternative zu einem einseitigen Materialismus.

Platons Ethik ist im göttlich geordneten Kosmos begründet, sie vermeidet aber die Vorstellung eines eifersüchtigen, zürnenden Gottes.

— Es besteht die Gefahr, dass die Tugendbegriffe als hölzernes Pathos gelehrt werden.

Die platonischen Dialoge sind zwar in verständlicher Sprache geschrieben, manchmal aber sehr umständlich und weit ausholend. Dies gilt auch für die Schriften des Aristoteles.

Die Texte von Platon und Aristoteles geben wenig Anhaltspunkte für konkretes Handeln.

Das fünfte Modell:
Die Moral der Gelassenheit – der Stoizismus

Ethischer Imperativ: Rege dich nicht über die Welt auf, sonst hast du keine Freude am Leben!

I. Senecas Tod

Ausschnitt aus einem Interview mit einer bekannten Persönlichkeit.

Frage: »Angenommen, Sie sind im Auto unterwegs und geraten in einen Stau. Sie befürchten, einen wichtigen Termin zu versäumen. Wie reagieren Sie?«

Antwort: »Ich sage Sch… und trete auf die Bremse.«

Frage: »Ist das Ihr Ernst?«

Antwort: »Nein, eigentlich nicht. Ich bemühe mich darum, auch diese Minuten als einen notwendigen Teil meiner Zeit und meines Daseins zu nutzen. Ich mache mir klar, dass dieses Warten für mich einfach sein muss, dass ich nichts ändern kann. Ich kann der Situation etwas Positives abgewinnen. Dann versuche ich, die Kräfte der Ruhe und inneren Ordnung in mir zusammenzurufen. Oft gelingt mir das, leider nicht immer…«

Das Problem ist alt. Man braucht keine verstopfte Autobahn, um in Stress zu kommen oder sich über irgendwelche Gegenkräfte zu ärgern, die unser Leben zu beeinträchtigen drohen. Dabei kann es um entscheidendere Probleme gehen als um einen verpassten Termin. Im Jahr 65 n. Chr. gab es in Rom eine Verschwörung gegen den rücksichtslos wütenden Kaiser Nero. Sie wurde aufgedeckt, und der Kaiser schonte seine Feinde und ehemaligen Freunde nicht, er schickte sie in den Tod. Einer der Verdächtigen war der beinahe siebzigjährige Philosoph

Seneca. Dieser war ein bedeutender und bekannter Mann, denn er hatte, solange Nero noch unmündig war, die römischen Staatsgeschäfte geleitet. Als Seneca Jahre zuvor das Unheil geahnt hatte, das Rom durch einen unbeherrschten Gewaltmenschen auf dem Thron drohte, zog er sich rechtzeitig aus der Staatsverwaltung zurück, um sich der Philosophie zu widmen. Seneca und Nero waren sich nicht mehr geheuer. So lag es für den Kaiser nahe, den ehemaligen Freund mit einer Revolte gegen die kaiserliche Blutherrschaft in Verbindung zu bringen. Nero gewährte Seneca die »Gnade«, sich selbst umbringen zu dürfen, mit anderen Worten: Seneca wurde zur Selbsttötung gezwungen. Der Weise nutzte seine letzten Stunden zu einem Gespräch mit Freunden, dann nahm er ohne ein Wort der Klage ein Messer und öffnete sich die Pulsadern.

Hier zeigte ein Philosoph, wie man Ernst macht mit seinen Theorien, wie Leben und Lehre eine Einheit bilden können, denn sein Tod sollte der Beweis dafür sein, dass alles, was er im Lauf seines langen Lebens gelehrt und geschrieben hatte, aus dem Leben stammte und in ihm bis zum Tod verwirklicht werden konnte. Die Verkünder und Anhänger dieser Lehre haben einen Namen, zu dem sich auch Seneca ausdrücklich immer wieder bekannte: »Ich bin ein Stoiker.« Diese Lebenslehre war damals schon rund 300 Jahre alt, sie stammt aus Athen, wo sich ein Kreis um den Philosophen Zenon in der Säulenhalle, der Stoa, versammelt hatte. Während aber die Griechen noch sehr in theoretischen Erwägungen verfangen waren, gelang es den Römern, den Stoizismus in einer praktikablen und bis heute unübertroffenen Weise auszuformulieren. Der Kaiser Marc Aurel (121–180 n. Chr.), selbst ein bedeutender Künder der stoischen Lehre, schrieb einmal diesen überraschenden und doch grundlegenden Satz: »Für den Stein, der emporgeworfen wird, ist es weder ein Unglück, wieder herunterzufallen, noch ein Glück, emporgeworfen zu werden.« Der Stein ist ein Bild des teilnahmslosen, leidensverachtenden Menschen, der nur zur Kenntnis nimmt, was mit ihm geschieht, sich darüber aber nicht beklagt, denn die Klage würde ja das Unglück nur vergrößern. Das heißt nun nicht, die Stoiker würden nicht dem Glück nachstreben. Im Gegenteil, auch für sie ist Lebensglück, nämlich das »gelingende Leben«, das höchste Gut, aber sie suchen es nicht dort, wo es gemeinhin gesucht wird: in der Macht, im Reichtum, im gesellschaftlichen Ansehen, in der Gesundheit; kurz gesagt, sie streben nicht nach schnellen Autos, sondern nach dauerhafter Seelenruhe. Das materielle, äußerliche Glück kommt und zerbricht wieder, es droht den Menschen im Aufstieg übermütig zu machen und im Fall zu zerbrechen. Den Stein jedoch verändern Aufstieg und Fall nicht. »Du siehst, in welch schlimmer und unheilvoller Knechtschaft einer stehen würde, den Sinnenlust und Schmerzen, die unzuverlässigsten und zügellosesten Gebieter, abwechselnd in Besitz hätten. Daher muss man sich durchringen zur Freiheit; diese aber erreicht man durch nichts anderes als durch Gleichgültigkeit gegenüber dem Schicksal.« Dies ist einer der Grund-Sätze aus Senecas Schrift »Vom glückseligen Leben«. Sich nicht in Besitz nehmen lassen von Äußerlichkeiten, vom Auf und Ab des Lebens, dies gelingt nur, wenn man naturgemäß zu leben versteht. »Wir leben naturgemäß, wenn wir die körperlichen Anlagen und die Bedürfnisse unserer Natur sorgfältig, aber nicht ängstlich beachten als etwas, das uns nur auf Zeit gegeben und flüchtig ist.«

Am deutlichsten erklärt Seneca seine stoische Lebensweisheit seinem Schüler Lucilius, an den er zahllose Briefe schrieb. Eine besonders tröstliche Botschaft für unsere Zeit am Beginn des 21. Jahrhunderts liest man im siebenundneunzigsten Brief: »Du irrst, mein Lucilius, wenn du meinst, Üppigkeit, Missachtung der Sittlichkeit, und was jeder seiner Zeit zum Vorwurf macht, sei ein besonderer Fehler unseres Jahrhunderts. Dies Gebrechen liegt in den Menschen, nicht in den Zeiten. Kein Zeitalter ist frei von Schuld.« Die Zügellosigkeit, die auch der Lehrer beklagte und beschrieb (z.B. die »öffentliche Entblößung der Buhldirnen« – eine Frühform des Striptease), stammt nicht aus der so genannten Verfallszeit, sondern schon aus dem 1. nachchristlichen Jahrhundert, als das Römische Reich sich noch ausdehnte.

Dies sind einige der stoischen Tugenden, die Seneca in seinen Briefen immer wieder erwähnt: nämlich Gefasstheit, Genügsamkeit, Gleichmut, Leidensverachtung, Unerschütterlichkeit, Leidenschaftslosigkeit. Solche Worte stehen aber nicht einfach als leere Ermahnungen da, sie entstammen einer bestimmten Lebensauffassung, die Seneca eindringlich darstellt. »Stärker als alles Schicksal ist die Seele. Sie ist selbst ihr Führer nach beiden Seiten hin, ist sich selbst Ursache eines glücklichen oder unglücklichen Lebens ... Traurig steht es um die Seele, die sich um die Zukunft ängstigt und unglücklich schon vor dem Unglück ist ... Es kann sich vor dem Schicksal hüten, wer es tragen kann.« Man darf den stoischen Gleichmut nicht mit Gleichgültigkeit im Sinn von Passivität und Teilnahmslosigkeit verwechseln. Der Stoiker betrachtet sehr wohl seine Mitwelt mit kritischen Augen, auch Seneca tat dies. Er versucht zudem, helfend und bessernd einzugreifen, er predigt Ermunterung und Hinwendung zur seelischen Freude. Um diese jedoch zu erhalten, muss man u. a. zu lernen versuchen, mit dem Leid umzugehen. Der Verlust eines Menschen oder eines materiellen Gutes kann einen Stoiker nicht umwerfen, denn »das Haben wird uns entrissen, das Gehabthaben niemals«. (Brief 98)

II. Sich der Weltordnung fügen

Im Hintergrund dieser Lebens- und Schicksalsergebenheit steht ein philosophischer Glaube, der sich zwar zu der Führung durch Gott bekennt, dieser tritt hier aber nicht als eifersüchtiger und manchmal beleidigter Weltbeherrscher auf. Sein Name ist nur ein tastender Begriff für etwas, was auch anders ausgedrückt werden kann. Seneca und Marc Aurel verwenden – mehr oder weniger austauschbar – neben Gott noch folgende Ausdrücke: die Gottheit, die Götter, die Natur, die Weltordnung, das Schicksal, der Kosmos, die Allnatur, die Allvernunft, der Geist des Weltganzen. Solche Begriffe müssen unscharf sein, denn das, was sie andeuten, ist ohnehin nicht mit dem Verstand zu fassen. Das Gemeinsame dieser Bekundungen ist zumindest, dass die Welt nicht aus Zufall entstanden sein kann, sondern von einem lebendigen, alles durchdringenden Sinn erfüllt ist. Es herrscht eine kosmische Ordnung, die auch das scheinbar Kleinste und Nebensächlichste umfasst. So kann Seneca sagen: »Das Beste ist, zu ertragen, was man nicht besser machen kann, und sich der Führung Gottes, des allmächtigen Schöpfers aller Dinge, ohne Murren zu fügen. Denn der ist ein kleinlicher Mensch, der von der Weltordnung übel denkt und lieber die Götter bessern will, als sich selbst.« (Brief 107)

Sich der Weltordnung fügen, weil man sich ihrer Sinnerfülltheit gewiss ist, das ist das offene Geheimnis aller Stoiker, ob sie sich nun bewusst oder unbewusst zu ihrer stoischen Weltauffassung bekennen oder nicht.

III. Thesen

1. Der Mensch findet sein Glück, wenn er nach dem gelingenden Leben strebt. Materielle Güter braucht er dazu nicht.
2. Glück ist ein innerer Zustand. Es macht frei von Furcht, Trauer, Gier und Leidenschaften.
3. Der Mensch kann alle Schicksalsschläge ertragen, wenn er sich seiner seelischen Verwurzelung in einem sinnerfüllten Kosmos sicher ist.
4. Verluste dürfen einen Menschen nicht erschüttern, weil sie einem das »Gehabthaben« nicht nehmen können. Der Stoiker zürnt und trauert nicht. Er hadert nicht mit dem Schicksal.
5. Menschliche Tugenden ergeben sich aus Eigenschaften wie Gefasstheit, Genügsamkeit, Unerschütterlichkeit, Gleichmut, Leidensverachtung, Furchtlosigkeit.
6. Der Stoiker bekennt sich zum aktiven, hilfsbereiten, verantwortungsvollen Leben, er hat einen ungebrochenen Mut, denn er fürchtet sich nicht vor Fehlschlägen und Verlusten.
7. Das höchste Gut des Menschen ist seine Seelenruhe. Sie zu erlangen und zu bewahren, ist seine ständige Aufgabe.

IV. Bewertung

+ Wem es gelingt, in allen Erschütterungen gelassen zu bleiben, ist gegenüber den Aufgeregten immer im Vorteil.

Ein lange trainierter Stoizismus kann einen Menschen angstfrei und zufrieden machen.

Wer in den Erscheinungen der Welt und des Lebens kosmische, göttliche Ordnung erblickt, kann nicht verzweifeln.

— Stoizismus kann zu Passivität und Gleichgültigkeit gegenüber der Welt führen.

Die Lehren der Stoiker beziehen sich in erster Linie auf den Einzelnen. Für das Leben der Gesellschaft bieten sie nur indirekte Vorteile.

Die Theorien von der Gelassenheit selbst in großer Bedrängnis sind schwer in die Praxis umzusetzen, weil die Ausschüttung von Stresshormonen nicht willensabhängig ist.

Das sechste Modell:
Jesus und seine Botschaft

Ethischer Imperativ: Liebe deine Feinde!

I. Was ist das Besondere?

Jesus war Jude und stand ganz selbstverständlich auf dem Boden des Alten Testaments. In die Evangelien sind aber auch Gedanken und Lehren aus anderen Religionen und Kulturen mit eingeflossen. Die von Jesus zitierten Zehn Gebote des Moses, die Lehren der Propheten und die Psalmgebete waren eine ethische Grundlage für ihn, und sie wurden es auch darüber hinaus für das Christentum bis heute. Für Jesus war diese Lehre, »das Gesetz«, in der damaligen Zeit zu knöchern geworden. Überall sah er sich orthodoxen Fundamentalisten und strengen Gesetzeshütern gegenüber, denen es um die wörtliche Auslegung von Texten ging, nicht aber um den Menschen, seine Liebe, sein Leiden, sein Hoffen. Jesus selbst war ein unangepasster Außenseiter, er zog als Mittelloser lehrend und heilend durch Galiläa und Judäa, gefolgt von Menschen, die teilweise zur Unterschicht gehörten. Er liebte das einfache Volk und gab sich auch mit verachteten Menschen ab. Vielen war er unheimlich trotz seiner Erfolge. Vor diesem Hintergrund entwickelte er eine »Radikalethik«, die Ärgernis erregen konnte. Bei den orthodoxen Juden galt ein Mensch als fromm, wenn er peinlichst genau sich an alle Glaubensvorschriften hielt. Um diese kümmerte sich Jesus wenig. Viele hielten ihn deshalb für geradezu unmoralisch. Seine Hochachtung galt nicht den angepassten »Bürgern«, sondern einer Gruppe von Menschen, die ganz andere Eigenschaften hatten als nur die Gesetzestreue. In der »Bergpredigt« pries Jesus Menschen selig, von denen sonst nicht geredet wurde, weil man die entsprechenden Begriffe noch gar nicht in seinem Sinn fassen konnte. Man hatte bislang nicht darauf geachtet, dass es Menschen gab, auf die solche Prädikate zutrafen: die Bescheidenen und bewusst arm Gebliebenen, die Leid Tragenden, die Sanftmütigen, die auf Gerechtigkeit Wartenden, die Barmherzigen, die Menschen mit reinem Herzen, die Friedfertigen, die zu Unrecht Verfolgten.

Der Kern der von Jesus gepredigten Ethik lässt sich aus den Seligpreisungen schon erkennen. Aber er geht noch weiter ins Extrem. Er führt das klassische »Gesetz« geradezu ad absurdum und bedient sich dabei einer harten, man kann sogar sagen überspitzten Ausdrucksweise, die bis heute noch nicht recht verstanden wird, wenn man sie absolut nimmt und nicht als Stoß gegen scheinbar gefestigte Normen und Werte. Morden darf man nicht, das ist bekannt. Jesus überspitzt diese Aussage: »Wer zu seinem Bruder sagt: ›Geh zum Teufel, du Idiot‹, der verdient, ins Feuer der Hölle geworfen zu werden.« Die Tendenz der Worte ist klar, aber ob Jesus das wörtlich gemeint hat oder ob er sich nur drastisch ausdrücken wollte, darüber sollte man heute nicht mehr streiten. Immer ging es ihm um den Geist seiner Rede, nie um Wortklauberei.

Dies haben viele seiner Anhänger Jahrhunderte hindurch, teilweise bis heute nicht verstanden. Ein anderes Beispiel: Rache war seit Alters her ein gutes Recht. Jesus aber verurteilte sie: »Wenn dich einer auf die rechte Backe schlägt, dann halte ihm auch die linke hin. Wenn jemand mit dir um dein Hemd prozessieren will, dann gebe ihm noch die Jacke dazu.« Auch hier geht es darum, die Rechthaberei zu bekämpfen, nicht aber um ein neues Gesetz. Ein zentraler Gehalt dieser Lehre ist die Feindesliebe: »Liebt eure Feinde und betet für die, die euch verfolgen.«

Jesus argumentiert so: Seine Freunde lieben, das kann schließlich jeder, dazu muss man Gott nicht kennen, sogar die Betrüger lieben Ihresgleichen. Jesus verlangt daher das Unmögliche: »Ihr sollt vollkommen sein, weil euer Vater im Himmel vollkommen ist.« Schließlich lässt Gott allen Menschen, also auch den bösen, die Sonne scheinen und den Regen fallen. Das ist der Grund, warum ein Mensch einen anderen nicht verurteilen darf, denn: »Euer Urteil wird auf euch zurückfallen, und ihr werdet mit dem selben Maß gemessen werden, das ihr bei anderen anlegt.« Nächstenliebe darf bei Jesus nicht nur ein Gefühl sein, sie muss aktiv, und zwar auch an Andersgläubigen und Ausländern gegenüber praktiziert werden, so wie es der barmherzige Samariter gezeigt hat. (Samariter waren andersgläubig und galten für die Juden gewissermaßen als Ausländer.) Auch in anderer Hinsicht scheut Jesus nicht vor extremen Forderungen zurück; so verurteilt er den Reichtum. Deshalb sagte er zu einem jungen Mann, der das ewige Leben anstrebte: »Verkaufe deinen Besitz, gib das Geld den Armen, und dann geh mit mir.« Das war zu viel für den Mann, er ging traurig weg, denn er war sehr reich.

Ein weiteres, heikles Kapitel ist die Sexualmoral. Jesus hatte viel Umgang mit Frauen, was für einen geistlichen Lehrer in seiner Zeit ungewöhnlich war. Frauen umsorgten ihn und folgten teilweise den Jüngern. Jesus belässt es in Bezug auf die Moral im Prinzip beim überkommenen jüdischen Gesetz, verschärft es aber insoweit, als er sagt: »Wer die Frau eines anderen ansieht und sie haben will, hat in Gedanken schon mit ihr die Ehe gebrochen.« Andererseits lehnt Jesus die seit Mose gesetzlich vorgeschriebene Todesstrafe für Ehebruch ab. Als er dazu kam, wie eine Ehebrecherin gesteinigt werden sollte, rief er: »Wer von euch noch nie gesündigt hat, der soll den ersten Stein werfen.« Niemand warf. Daraufhin redete Jesus mit der

Frau und sagte: »Dann will ich dich auch nicht verurteilen.«

Mit diesen Beispielen ist die äußerlich vernehmbare Ethik von Jesus umrissen. Aber das Wichtigste ist: Für Jesus zählt nicht das äußerliche Verhalten, sondern der Bezug auf Gott. Ihn von ganzem Herzen zu lieben, ist für ihn das oberste aller Gebote.

II. Wie wird Jesus aufgenommen?

Die Lehre von Jesus ist keine mit dem Verstand aufzunehmende Ethik und somit eigentlich keine »Lehre«; sie wird daher meist als »Botschaft« bezeichnet. Jedes utilitaristische Element geht ihr ab. Der Zweck der Botschaft ist auch nicht speziell auf eine Belohnung im Jenseits gerichtet, obwohl dieser Aspekt immer wieder mehr oder weniger deutlich erkennbar ist, sondern er kann am ehesten mit dem bereits erwähnten Wort aus der Bergpredigt charakterisiert werden: »Ihr sollt vollkommen sein, weil euer Vater im Himmel vollkommen ist.« Der Mensch soll also versuchen, das Vollkommene in sich aufzunehmen, um Gott ähnlich, oder gar mit ihm identisch zu werden. Dies ist natürlich unmöglich, denn außer Jesus selbst hat es noch keiner geschafft. Immerhin, Jesus zeigt den Menschen ein Ziel seiner Botschaft. Die »Aufnahme« des Vollkommenen ist nicht nur über den Kopf anzustreben, sondern mit allen Sinnen, mit dem ganzen Körper. Dies zu zeigen war eines der zentralen Anliegen des Evangelisten Johannes. In seinem Evangelium bezeichnet Jesus sich als »Licht der Welt«, als »Tür zu den Schafen«, als »Weg, Wahrheit und Leben«, als »Weinstock«. Er bietet »Wasser« des Lebens und »Brot« des Lebens usw. Um solche Güter zu erlangen, muss man sie in sich aufnehmen: »Ich bin das lebendige Brot, das vom Himmel gekommen ist.

Jeder, der von diesem Brot isst, wird ewig leben.« Die Verinnerlichung der Botschaft als körperlicher Vorgang, darin unterscheidet sich die Lehre Jesu von anderen, ihrem äußerlich erkennbaren Inhalt nach teilweise gar nicht so verschiedenen Lehren. Der andere Aspekt ist der der Nachfolge. Richtig verinnerlichen kann man diese Lehre nur dann, wenn man versucht, die Nachfolge der damaligen Jünger auf jeweils aktuelle Weise in die Gegenwart zu transferieren. Jesus lehrt also kein ethisches System, sondern eine andere Art zu leben.

III. Fordert Jesus Unmögliches?

Immer wieder wurde behauptet, die Forderungen von Jesus seien unerfüllbar. Hätten sie sich wirklich bei denen, die ihn als ihren Herrn bezeichnen, durchgesetzt, müsste die Welt heute ganz anders aussehen. Es lässt sich nicht feststellen, ob und inwieweit die Welt insgesamt durch seine Botschaft wirklich besser geworden ist. Kann eine Gesellschaft, die einmütig spirituelle Freuden preist und dafür Krieg, Wohlstandsstreben, ja überhaupt das Verlangen nach weltlichem Glück, nach Macht, nach Erfolg ablehnt, in einer seit Menschengedenken egoistischen Welt überleben? Abgesehen von kleinen, meist klösterlichen Gemeinschaften, in denen Besitzlosigkeit und radikale Uneigennützigkeit verwirklicht wurden, hat sich kein konsequent in diesem Sinne christlicher Staat in der Geschichte auf Dauer behauptet. Ein Staat ohne Justiz, die in der Lage ist, das Recht mit staatlicher Gewalt durchzusetzen, droht in Anarchie zu versinken. Ein Staat ohne privaten Reichtum ist arm und dem Elend ausgesetzt. Hatte Jesus also Unrecht? Sprach er von einer Utopie, die nur möglich gewesen wäre, wenn das Ende aller Tage damals noch zu seinen Lebzeiten oder kurz danach eingetreten wäre, wie er es vermutlich angenommen hatte?

Aus heutiger Sicht kann man die Maximalforderungen Jesu dialektisch verstehen. Sie sind ein Gegenpol zu den üblichen egoistischen Bestrebungen der Welt. Durch seine Lehre werden diese jedoch nicht beseitigt, sondern als fragwürdig und menschenfeindlich dargestellt. Wer ihnen dient, muss das wissen, so gut wie der reiche Jüngling. Man muss die Forderungen beachten, auch dort, wo es unmöglich ist, sie zu verwirklichen. Sie behalten ihre Bedeutung als ethisches Gewissen in einer gierigen und gewaltbereiten Welt, die aber dennoch in Aussicht stellt, dass man in ihr bewusst und konsequent christlich sein könnte. Immer wieder gelingt es Einzelnen, Teile der Lehre von Jesus zu verwirklichen und selbst zu einem Vorbild zu werden. Man kann beobachten, dass es bis in die Gegenwart immer wieder politische Siege der Gewaltlosigkeit gegeben hat. Sie belegen, dass die Botschaft keine Utopie, sondern ein konkreter Weg ist, dessen Ziel in einer auf das Jenseits gerichteten Hoffnung besteht.

IV. Thesen

1. Jesus löst sich von formalen Gesetzen und predigt Liebe und Verständnis statt konsequenter Einhaltung.
2. Jesus preist Menschen selig, die normalerweise zu den Außenseitern gehören. Damit zeigt er eine Welt jenseits von Herrschsucht und Gewalt.
3. Mit Gewaltlosigkeit und Armut können auch politische Ziele erreicht werden.
4. Die Ethik von Jesus ist keine nur mit dem Verstand zu erfassende »Lehre«, sie muss vom ganzen Menschen körperlich und in der Nachfolge Jesu aufgenommen werden.

5. Die scheinbar utopischen Forderungen sind ein Gegengewicht zu der gierigen und gewaltbereiten Welt.

V. Bewertung

+ Die Weise, in der Jesus Wege zu Gottesliebe, innerlicher Freude und Hilfsbereitschaft zeigt, hat nichts von ihrer Kraft verloren.

Die Ethik der Nächstenliebe und der Feindesliebe hat in der Geschichte wesentlich mehr bewirkt, als Geschichtsbücher berichten können. Der Einfluss der von Jesus gepriesenen Sanftmütigen und Barmherzigen wird unterschätzt.

Im direkten und indirekten Gefolge des Christentums kam es in Europa zur weltweit differenziertesten Ausarbeitung der Ethik, mit deren Hilfe die nach wie vor gültigen Maßstäbe gesetzt werden.

— Die ethischen Maximalforderungen und die Weise, mit der Menschen mit ihnen umgehen, werden von vielen als Argument für die Weltfremdheit und Unwirksamkeit der christlichen Lehre gebraucht.

Die Lehren von Jesus sind schwer zu verinnerlichen, das zeigt auch die in mancher Beziehung unheilvolle Geschichte der christlichen Kirchen und der europäischen Fürsten.

Das siebte Modell:
Die Lehren von Tugenden und Sünden

Ethischer Imperativ:
Führe ein tugendhaftes Leben!

I. Der Katalog guter und schlechter Eigenschaften

Wäre es denn möglich, das Gute und das Böse in wenigen Begriffen zusammenzufassen und es gewissermaßen in einem System zu vereinigen? Natürlich nicht, denn sonst wären nicht seit jeher Tausende von Büchern über Moral und Ethik geschrieben worden. Und dennoch gab es den Versuch, Tugenden und Laster griffig und für alle verständlich aufzuzählen. Wenn man diesen Katalog im Licht der heutigen Probleme wieder betrachtet, erscheint er in geradezu aufregender Weise aktuell geblieben zu sein. Die Begriffe Tugend und Sünde gehören derzeit allerdings nicht unbedingt zum gängigen Wortschatz unserer Alltagssprache. Sie haben für manche etwas Vergilbtes und unangenehm Moralisierendes an sich. Hier soll der Versuch unternommen werden, diese alten Begriffe losgelöst von ihren vielfältigen und heute für viele fragwürdig gewordenen religiösen Bezügen darzustellen, als eine nach wie vor aktuelle Zusammenfassung des richtigen und des falschen Verhaltens. Dabei ist allerdings zu beachten, dass die Begriffe gegenüber der heutigen Umgangssprache teilweise einen etwas anderen Sinn hatten.

Die vier Haupt- oder Kardinaltugenden wurden, wie schon dargestellt, von Platon und Aristoteles immer wieder hervorgehoben. Sie haben auch in die kirchlichen Lehren seit dem Mittelalter Einlass gefunden. Dabei ergeben sich oft verschiedene Begriffe.

Üblicherweise werden die Kardinaltugenden so aufgeführt:

1. Weisheit (Klugheit, Einsicht, Vernünftigkeit)
2. Mäßigkeit (Besonnenheit, Selbstbeherrschung, Enthaltsamkeit)
3. Tapferkeit
4. Gerechtigkeit

Ihnen gegenüber stehen sieben Hauptsünden, die auch Todsünden genannt wurden. Sie stehen nicht für irgendwelche Einzeltaten oder konkrete Gebotsübertretungen, sondern sie beziehen sich auf eine fehlerhafte Lebenseinstellung, sie können auch als Laster verstanden werden. Wer sie zum ersten Mal in der Zahl sieben formuliert hat, ist nicht sicher geklärt. Mitunter wird die erste Darstellung Papst Gregor I. (der Große, ca. 540–604 n. Chr.) zugeschrieben. Seit dem Mittelalter werden sie meist in dieser Aufzählung erwähnt:

1. Hochmut (Hoffahrt, Stolz)
2. Geiz (Habsucht)
3. Wollust (Unkeuschheit)
4. Neid
5. Unmäßigkeit
6. Zorn
7. Trägheit

II. Die Tugenden

In einer Zeit, in der der sichtbare Erfolg als das Maß der Tüchtigkeit gilt – das Wort tüchtig ist aus tugendlich abgeleitet –, muss uns auffallen, dass Tugenden nicht in erster Linie auf den persönlichen Erfolg bezogen sind, sondern auf das Zusammenleben in der Gemeinschaft. Ob z. B. ein Politiker oder Geschäftsmann gerade mit diesen Eigenschaften Erfolg haben wird, das ist eine andere Frage.

Für Platon ist der Mensch, der die Tugenden verinnerlicht hat, der Fromme. Diese Art der Frömmigkeit ist nicht auf einen bestimmten Kult gerichtet, sondern auf die Fähigkeit, Verantwortung für andere zu übernehmen, anderen als Vorbild zu dienen und somit ein hohes Amt zu bekleiden. An dieser Erklärung zeigt sich, dass die seit Platon genannten Fähigkeiten in gleicher Weise auch heute zählen könnten oder müssten. Dass der sichtbare Erfolg im Leben oft Menschen zufällt, die sich ganz anders verhalten, dies ist eine alte Erfahrung. Auch hierin hat sich in den letzten 2300 Jahren im Grunde nichts geändert.

1. Weisheit

Obwohl das Wort Weisheit mit Wissen verwandt ist, geht es hier um viel mehr als um das »Wissenswerte«, denn Weisheit ist nicht speicherbar und nicht programmierbar. Das macht sie für modern sein wollende Menschen verdächtig, denn sie ist immer das, was man nicht »schwarz auf weiß nach Hause tragen« kann. Weisheit ist bei einem Menschen das, was hinzukommen muss, wenn er scheinbar alle notwendigen Informationen beieinander hat, um zu urteilen und zu entscheiden. Sie ist somit das Erspüren von Zusammenhängen, von denen keiner weiß, wie und warum sie zusammenhängen. Es ist die Einsicht in das Uneinsehbare. Weisheit ist eine geistige Vernetzung mit dem Kosmos. So verstanden ist sie auch Gottesfurcht im weitesten Sinn des Wortes, nämlich Liebe und Verständnis für den nicht analysierbaren Logos. Natürlich gehört dazu auch die Wahrung des richtigen Maßes. Der Weise blickt hinter die Kulissen des Alltags und über sie hinweg. Er blickt auch über die Zeit hinweg nach vorne und zurück, das macht ihn widerstandsfähig gegen die Verlockungen des Tages. Weisheit fordert zum Protest heraus, wenn die rationale Informationsverarbeitung zum Religionsersatz wird.

2. Mäßigung, Selbstbeherrschung

Es ist die Fähigkeit, aufhören zu können, solange es noch schmeckt, und – ganz allgemein – die Bereitschaft zum Verzicht. Es ist die Beherrschung der Sinne durch die Vernunft, wenn diese vor den Folgen warnt.

3. Tapferkeit

Das Wort »Tapferkeit« geriet durch die Verherrlichung des »tapferen« Soldaten im Krieg in Misskredit. Schon im Altertum war aber die so verstandene Tapferkeit viel mehr als die Bereitschaft, mutig mit dem Feind zu kämpfen. Die als Tugend verstandene Tapferkeit ist, ähnlich wie die Mäßigung, die Überwindung der inneren Schwäche, die uns rät, möglichst nicht zu fallen, ja nicht einmal aufzufallen, zumindest nicht unangenehm. Zivilcourage ist zunächst der Mut, eine Überzeugung zu haben und sie zu vertreten, auch dann, wenn es nicht opportun ist. Mitunter kommt es aber auch darauf an, für sie zu kämpfen und dabei nicht nur Nachteile zu riskieren, sondern oft genug auch das eigene Leben. Märtyrer hat es weltweit zu allen Zeiten und in allen autoritären Systemen gegeben. Den Tapferen verdankt der Weltgeist seine großen und kleinen Fortschritte, wenn auch oft die falschen Helden verehrt wurden.

4. Gerechtigkeit

Gerechtigkeit gegen sich und andere, das ist nicht nur der sachliche Ausgleich der Interessen, es ist auch die unter der Weisheit schon erwähnte allgemeine Anerkennung der Fakten mit allen Konsequenzen. Dazu gehört auch das richtige Darstellen der Umstände, die einem nachteilig sein könnten. Aufrichtigkeit, Zuverlässigkeit, Glaubwürdigkeit und Wahrhaftigkeit folgen aus der Gerechtigkeit.

III. Die Sünden

1. Hochmut

Das Wort Hochmut ist, wie das frühere Wort Hoffahrt, im Sinn von Überheblichkeit, Übermut, übertriebenem Stolz, aus der Umgangssprache fast verschwunden, nicht aber ist das verschwunden, was es eigentlich bezeichnete: Arroganz und Eingebildetheit. Hochmut ist nicht nur eine persönliche Haltung vieler Menschen, sondern ein weltweites Phänomen: Sie zeigt sich im Traum von der technischen Weltbeherrschung. Die menschliche Hybris, das ist beispielsweise das blinde Vertrauen auf die informative Weltvernetzung. Da ist es dann aufschlussreich, zu beobachten, wie hilflos ein Verteidigungsministerium reagiert, wenn die Festplatte mit den wichtigsten strategischen Daten unauffindbar ist. Der Glaube an die technische Beherrschbarkeit der Welt, das ist die Missachtung der Schöpfung im Interesse des materiellen Gewinns einer Minderheit. Der Hochmut ist so gesehen das Vertrauen auf die eigene Kraft und der Verzicht auf göttlichen Beistand. Er fordert uns zum Tanz auf, sei es um das goldene Kalb, um das Wirtschaftswachstum, um das Auto oder um das private Aktiendepot.

2. Geiz

Das Wort Geiz ist hier in einem weiten Sinn zu verstehen. Es ist nicht nur das Einklemmen des vorhandenen Gutes, die übertriebene Sparsamkeit. Es ist in erster Linie die sprachverwandte Gier nach Geld und Besitz. Sie zeigt sich seit jeher in der Anbetung des materiellen Reichtums. Geiz ist auch der Trieb, mit Geld noch mehr Geld zu verdienen; Geiz ist der Kult, dem an der Börse geopfert wird, und zwar auch von denen, die dort ihr Vermögen riskieren und mitunter verlieren. Geiz ist die Blindheit gegenüber sozialer Ungerechtigkeit, die Ausnutzung jedes noch so geringen materiellen Vorteils.

3. Wollust

Wollust hatte früher eine über das sexuelle Schwelgen hinausgehende Bedeutung: Es war Wohlgefallen, Freude, Sinnenlust, es war, allgemein gesagt, die Hingabe an den Genuss. Mit dem eigentlich nicht unbedingt negativ zu bewertenden Begriff Wollust wurde (vor allem von der Kirche) eine Lebensweise verurteilt, die ausser der Sinnenfreude nichts gelten ließ. Was kann uns dieser Begriff nach der Auflösung vieler Sexualtabus heute noch sagen? Wenn nach neueren Erhebungen jede fünfte Frau zumindest einmal sexuelle Gewalt erlebt hat, und sei es auch nur eine ärgerliche Grapscherei gewesen, dann zeigt sich schon darin, dass dieses Thema nicht in die Geschichte, sondern in die Gegenwart der Moral gehört. Als gesellschaftliches Phänomen ist noch Weiteres zu erwähnen: Es ist die allgemeine Überbewertung der Sexualität auf Kosten der Liebe. Der Satz »Wir liebten uns« bezieht sich zunehmend in Romanen nur noch auf den Geschlechtsverkehr. Große Bedeutung erlangt das Milliardengeschäft mit Pornographie und das der Medien mit Voyeuren.

4. Neid

Das Wort Neid hatte früher eine über den heutigen Sinn hinausgehende Bedeutung und galt allgemein für Hass, Missgunst, Groll, Ingrimm, Feindseligkeit, Beschimpfung. Neid verursacht Erbstreitigkeiten, Fremdenfeindlichkeit, Rassenhass, er ist letzten Endes die Ursache von Kriegen. Zu erwähnen ist der Neid aber auch als Ursache von aufreibender Karrieresucht, von Manipulation durch eine Werbung, die den Neid als Kauftrieb ausnützt.

5. Völlerei

Die unbeherrschte Genusssucht in Bezug auf das Essen und Trinken hat in vielen Ländern der westlichen Welt zur Fettleibigkeit als Volkskrankheit geführt. Zur Völlerei gehört aber nicht nur der gierige Konsum von Lebensmitteln, sondern auch die Abhängigkeit von Drogen, Alkohol und Nikotin. Ob und inwieweit man etwa auch das Streben nach Luxus in jeder Form, den hemmungslosen Fernsehkonsum und ähnliche Giererscheinungen unter »Völlerei« rechnen darf, das ist eine Frage der Definition.

6. Zorn

Zorn ist nicht nur der Jähzorn, die plötzlich aufwallende Wut, sondern auch das langfristige Zürnen, das zur Gewalt führt. Zorn ist auch jede Gewalt gegenüber Schwächeren, z. B. gegenüber Kindern und Frauen; ihm dienen Darstellung und Verherrlichung der Gewalt in den Medien. Das Thema Fremdenhass braucht hier nur erwähnt zu werden.

7. Trägheit

Trägheit ist zunächst ganz einfach Faulheit und Bequemlichkeit. Jeder Mensch muss gegen seine Trägheit kämpfen. Darüber hinaus ist sie auch Gefühlskälte, Desinteresse am Mitmenschen, mangelnde Hilfsbereitschaft und die Passivität gegenüber gefährlichen Zeiterscheinungen. Sie ist die Anpassung an autoritäre oder menschenverachtende Systeme und Auffassungen in der Gesellschaft. Und sie führt zu Mitläufertum im weitesten Sinn, zu Kritiklosigkeit gegenüber Manipulationen.

IV. Thesen

1. Der klassische Tugenden- und Sündenkatalog ist, trotz des Sinnwandels mancher seiner Begriffe, nach wie vor auch ohne seinen theologischen Hintergrund aktuell.
2. Die dem Tugenden- und Sündenkatalog zu Grunde liegende Ethik besteht im Kern darin, dass der Mensch sich seiner Grenzen und seiner Verantwortung bewusst bleiben muss.
3. Man kann die sieben Sünden in neueren Begriffen zusammenfassen. Dann bleiben nur vier Laster übrig, eine Zahl, die jener der Tugenden entspricht:

Überheblichkeit
Gier
Hass
Trägheit.

V. Bewertung

+ Die menschlichen Grundzüge, die in den Tugenden und Untugenden aufgezählt werden, haben sich seit dem Altertum nicht geändert. Sie eignen sich, bei rechtem Verständnis und jenseits der Psychologie, auch für die Beurteilung der Menschen in heutiger Zeit.

Gute und schlechte Eigenschaften der Menschen lassen sich anhand der klassischen Bewertungen durch Tugenden und Sünden verhältnismäßig leicht erkennen und einordnen.

— Die klassische Aufzählung von Tugenden und Sünden in den herkömmlichen Begriffen wirkt heute für viele antiquiert.

Eine auf Tugenden und Sünden konzentrierte Ethik läuft Gefahr, dass der Mensch alles auf sich bezieht und dadurch zu Selbstgefälligkeit oder moralischer Zerknirschung neigt.

Das achte Modell:
Gracian und die Moral der Halskrause

Ethischer Imperativ: Spiel eine Rolle!

I. Die Daumenschraube finden

Es gibt Geschäftsleute und Politiker, die ihren »Erfolg« einer bestimmten Taktik verdanken: Es sind der geschickte Umgang mit Tricks, Halb- und Hintergrundinformationen, mit einem systematisch gepflegten Netz von gegenseitigen Beziehungen und Abhängigkeiten, und der kontrollierte Einsatz von psychischen Daumenschrauben. Und das alles ohne jede strafbare Handlung. Darf man die Fähigkeit, mit solchen Methoden umzugehen, als Tugend bezeichnen? Kenner behaupten mit einem Schuss Zynismus, Politik könne überhaupt nur so funktionieren. Für die Handhabung politischer Taktik soll hier ein klassischer Lehrmeister aus dem 17. Jahrhundert vorgestellt werden, dessen Lehren seither gültig, wenn auch nicht populär geblieben sind. Auch sie können als Beitrag zur Ethik im weitesten Sinn gesehen werden.

Durch die Halskrause wird man zum aufrechten Menschen. Der Ruf »Kopf hoch!« wird dann überflüssig. Kann man aber aus dem steifen Kragen eine Moral ableiten? Das konnte man im Spanien zur Zeit des Königs Ferdinand III. Der in höfische Kleidung eingepanzerte Mensch wurde zum Vorbild. Äußerlich steif, streng und trocken, aber innerlich listenreich. So sah man ihn, so wurde er damals z.B. von Velazquez porträtiert. Kleidermoden vergehen, aber der Mensch, der in ihnen steckt, bleibt sich über die Jahrhunderte in Vielem treu. Einer, den dieser zeitlose Menschentyp beschäftigt haben muss, ist Balthazar Gracian (1601–1658). Er war Direktor des Jesuitenkollegiums in Tarragona und in dieser Eigenschaft sicher nicht daran interessiert, die Menschheit zu verderben. Andererseits durchschaute er Fürsten, Fürstendiener, Höflinge, Karrieristen aller Schattierungen, Politiker und natürlich auch die hohe Geistlichkeit wie kein Zweiter. Seine Lebensaufgabe sah er darin, den erfolgreichen Menschen auf die Schliche zu kommen und anderen, die es ihnen gleich tun wollen, auf die Sprünge zu helfen. Dabei bleibt eine Frage ungelöst: War Gracian selbst Moralist oder nur Zyniker? Oder war er beides in einer Person?

Sicher ist nur, dass er seine Werke, die er unter Pseudonymen erscheinen ließ, nicht im Auftrag seines Ordens schrieb. Sein bekanntestes Werk ist eine Zusammenfassung von Aphorismen aus seinen lehrhaften Romanen unter dem Titel »Oracula manual y arte de prudencia«. In Deutschland ist dieses Buch in der Übersetzung von Arthur Schopenhauer als »Handorakel und die Kunst der Weltklugheit« bekannt geworden. Gracians Handorakel ist ein durch und durch weltliches Werk. Es beschreibt die Taktik der klugen und erfolgreichen Menschen, ohne sich besonders um ihre Tugenden zu kümmern. Es ist eine Standesethik des Erfolgs. Man könnte im Handorakel geradezu eine hohe Schule für karrieresüchtige Beamte, Manager und Politiker sehen. Immer wieder fragt man sich: steht Gracian wirklich hinter dem, was er da anpreist, oder macht er sich über seine weltklugen Helden lustig? Will er sie ermuntern oder karikieren? War das ernst gemeint oder satirisch? Eine Textprobe aus dem »Handorakel«: »Die Daumenschraube eines jeden finden. Dies ist die Kunst, den Willen anderer in Bewegung zu setzen. Es gehört mehr Geschick als Festigkeit dazu. Man muss wissen, wo einem jeden beizukommen sei.« Herkömmliche Tugenden tragen nichts zum irdischen Erfolg bei. Im Gegenteil: Menschen, die sich immer darum bemühen, ein makelfreies und rücksichtsvolles Dasein zu führen, und sich dies dann sogar noch anmerken lassen, sind nicht nur erfolglos, schlimmer noch, sie gehen anderen relativ schnell auf die Nerven. Der Mensch jedoch, der sich und andere im Griff hat, auch wenn es denen weh tut, soll der nach Gracian als moralisches Vorbild dienen?

Anscheinend gab es für ihn kein anderes Mittel, die Halskrause lächerlich zu machen, als sie sich selbst anzuziehen. Immerhin war er sich selbst ein so guter Schüler, dass er nicht erkennen ließ, ob er ein Herz hatte und wo es gegebenenfalls verborgen war. Man könnte Gracians Moral mit diesem Satz kennzeichnen: Wer eine Rolle spielen will, muss eine Rolle spielen. Die Maske ist ein Requisit des Erfolgs. Viele seiner zeitlos gültigen Rezepte passen auf Politikerpersönlichkeiten und Karrieristen, auch auf solche unserer Zeit, wobei diese eher dem konservativen Lager anzugehören scheinen, denn die Taktik des Jesuiten Gracian eignet sich weniger für Überzeugungspolitiker als für die Anhänger staatstragender Parteien.

Grundlage aller Rezepte der Weltklugheit ist Gracians Einsicht: »Ein Krieg ist das Leben des Menschen gegen die Bosheit des Menschen. Die Klugheit führt ihn, indem sie sich der Kriegslisten, hinsichtlich ihres Vorhabens, bedient. Nie tut sie das, was sie vorgibt, sondern zielt nur, um zu täuschen. Mit Geschicklichkeit macht sie Luftstreiche.« Diese Lehre aus dem 13. Aphorismus zeigt schon den ganzen Gracian: Mit Güte und Offenheit kommt man nicht gegen das Böse auf. Nur wer die Listen des Bösen durchschaut, hat Aussicht, sich erfolgreich zu wehren.

Gracians »Moral« kommt besonders scharf in seinem Aphorismus 133 zum Ausdruck: »Besser mit allen ein Narr, als allein gescheit.« Das ist ganz einfach zu verstehen: Wenn die Narren unter sich sind, halten sie die Gescheiten für Narren. »Man muss mit den Übrigen leben, und die Unwissenden sind die Mehrzahl.« Wollte einer mit seiner Weisheit alleine leben, dann müsste er ja einem Gott gleichen. Dann schon lieber mit den anderen gescheit tun, als allein als ein Narr zu gelten. In diese Richtung geht auch der Rat, mit den Gelehrten gelehrt, mit den Heiligen heilig umzugehen (77). Denn das Rätsel des Erfolgs besteht darin, sich anzupassen, sich den Erfolgreichen anzuschließen: »Ist man zweifelhaft, so ist es das Gescheiteste, sich zu den Klugen und Vorsichtigen zu halten, da diese früh oder später das Glück einholen.« (31) Ein wichtiger Tipp ist auch der, einerseits im Rufe der Gefälligkeit zu stehen (32), andererseits sich zu entziehen, zu verweigern wissen (33). Aber wie verweigert man sich? »Die gute Art kann alles ersetzen, vergoldet das Nein, versüßt die Wahrheit und schminkt das Alter selbst. Das Wie tut gar viel bei den Sachen: die artige Manier ist ein Taschendieb der Herzen. Ein schönes Benehmen ist der Schmuck des Lebens, und jeder angenehme Ausdruck hilft wundervoll von der Stelle.« (14)

II. Der Gute wird betrogen

Ist es eine Tugend, nicht betrogen zu werden? Was nützt es, als guter Mensch dazustehen? Nichts, der Gute wird doch nur betrogen, daher soll der Mensch nicht nur die harmlose Taube spielen, sondern auch die listenreiche Schlange.

»Man vereinige in sich die Taube und die Schlange, nicht als ein Ungeheuer, sondern vielmehr als ein Wunder.« (243) Offenheit? Nichts ist schädlicher als sie, denn wer mit offenen Karten spielt, ist weder nützlich noch angenehm. Man darf seine Absichten nicht gleich kundgeben, statt dessen muss man etwas Geheimnisvolles durchblicken lassen. »Behutsames Schweigen ist das Heiligtum der Klugheit.« (3) Der Kluge begründet anderen gegenüber Abhängigkeiten, die er nie ganz befriedigen darf, denn er soll dafür sorgen, »immerdar notwendig zu bleiben« (5). Wer aus der Fassung gerät oder wer resigniert, hat schon verloren. Statt dessen soll man den günstigen Erfolg weiterführen und nicht alle Kraft in den Anfang setzen. »Ist das Unternehmen gut, warum wird es nicht vollendet? Ist es schlecht, warum ward es angefangen? Der Kluge erlege sein Wild und begnüge sich nicht, es aufgejagt zu haben.« (242)

III. Thesen

1. Mit Güte kann man die Bosheit der Welt nicht bekämpfen. Man muss ihre Taktik durchschauen und selbst anwenden.
2. Wer erfolgreich sein will, muss sich zu den Erfolgreichen halten. Wer nicht mit den Wölfen heult, den fressen sie.
3. Besser mit allen ein Narr als allein gescheit.
4. Man muss die Listen der anderen durchschauen, sich selbst einer List bedienen, aber man soll seine Taktik nie zu erkennen geben.
5. Die harmlose Taube wird betrogen, die listige Schlange hat Erfolg. Man muss das Wunder vollbringen, zugleich Taube und Schlange zu sein.
6. Die Moral des Erfolgs ist die Moral der erlaubten Mittel. Und wer eine Rolle spielen will, muss eine Rolle spielen. So wird die Maske zum Requisit des Erfolgs.
7. Wer das Tragen von Halskrausen angreifen will, darf sich nicht zu seiner Kritik bekennen, sondern muss selbst eine tragen.
8. Wer als Politiker nicht zum Zynismus taugt, der läuft einerseits Gefahr, psychisch zerrieben zu werden. An-

dererseits besteht die Gefahr, dass sein Werk sich als Seifenblase erweist.

IV. Bewertung

+ Gracians Ratschläge beruhen auf großer Erfahrung und Menschenkenntnis. Sie zeichnen minutiös das Bild von Menschen, die äußerlich erfolgreich sind.

Es ist gut, Gracians Methoden zu kennen, um sie bei anderen zu durchschauen.

— Die Gracian'sche Weltklugheit ist im Kern unmoralisch.

Der Rat, sich selbst zu kontrollieren und im anderen einen Gegner zu sehen, macht den Menschen unfrei, egoistisch und rücksichtslos.

Das neunte Modell:
Die Suche nach einem moralischen
Grundgesetz – Kant und die Folgen

Ethischer Imperativ: Handle nach Grundsätzen, die sich verallgemeinern lassen!

Die Suche nach einem umfassenden Prinzip der Moral hat die Denker immer wieder beschäftigt. Vier Beispiele sollen hier vorgestellt werden. Es handelt sich dabei um völlig verschiedene Denkweisen, von denen zwei vom Ende des 18. und zwei vom Ende des 20. Jahrhunderts stammen. Die vier Denker sind Kant, Schelling, Luhmann und Habermas. Wirklich berühmt geworden ist allerdings nur der so genannte kategorische Imperativ von Immanuel Kant. Dennoch ist ein Vergleich mit ähnlichen Sätzen interessant.

I. Immanuel Kant

Wenn es auf das gelernte Bescheidwissen über Moral ankäme, um richtig handeln zu können, dann müssten Philosophieprofessoren die moralischsten und Ungebildete die unmoralischsten Menschen sein. Dass es so aber nicht ist, oft sogar gerade umgekehrt, das wusste kein Geringerer als Immanuel Kant und zog daraus einige der für die Philosophie weltweit wichtigsten Schlüsse. Kant könnte sich folgende Fragen gestellt haben: Wie kommt es, dass Ungebildete moralisch urteilen können, und zwar auch dann, wenn man ihnen praktisch nichts beigebracht hat? Gibt es eine Instanz im Menschen, die über die Welt urteilen kann, unabhängig davon, was sie von ihr gesehen und verstanden hat? Kant bejahte diese Frage und gab dieser

Instanz einen Namen. Er nannte sie die »reine Vernunft«. Das Wort »rein« in diesem Zusammenhang bedeutet, dass diese Vernunft rein und bloß, »unabhängig von aller Erfahrung«, ja sogar »ohne empirische Beimischung« bestehen kann.

Diese »reine« Vernunft muss sich auch in der Praxis, im Umgang mit Mensch und Natur, bewähren. Wenn der ungebildete Mensch über ein moralisches Verhalten urteilen kann, dann muss auch das Wissen um moralische Grundwerte uns Menschen von vornherein (a priori) zuteil geworden sein, als Bestandteil des angeborenen menschlichen Denkvermögens. Der Mensch muss nur in sich gehen, seine innere Stimme befragen, dann weiß er ganz von selbst, wie er sich richtig verhalten muss, meint Kant. Die höchste Instanz für moralisches Verhalten ist also die Vernunft. Natürlich muss der Mensch auch lernen, er muss die Welt beobachten und aus seinen (empirischen) Feststellungen Schlüsse ziehen. Dass er aber dazu überhaupt in der Lage ist, verdankt er seiner Vernunft. Wenn dann Kant in diesem Zusammenhang das Wort Moral verwendet, so ist dies nicht das, was ein Mensch über das sittliche Verhalten der Anderen im Lauf seiner Erziehung erfährt, sondern zunächst das, was ihm seine Vernunft von selbst darüber sagt. Es ist also nicht das zu beobachtende sittliche Verhalten, das oft genug unsittlich erscheint, sondern das Gefühl für die Sittlichkeit an sich. Für Kant kommen Moral und Pflichtgefühl aus dem Inneren, daher, wo die Vernunft angesiedelt ist.

Ausgerüstet mit diesem klaren und einleuchtenden System, versuchte nun Kant, die Grundlage für jedes moralische Verhalten zu definieren. Der Mensch ist frei, hat einen freien Willen, aber es gibt ja außer ihm noch andere Menschen, auf diese muss er sein Verhalten einstellen. Das Gefühl für das richtige Verhalten muss sich an Regeln orientieren, die nicht nur für den Einzelnen, sondern für alle gelten. Ich kann mir nicht mehr leisten, als ich anderen zubilligen könnte, das macht sich der moralische Mensch bewusst. Aufgrund dieser Erkenntnis entwickelte Kant seinen berühmt gewordenen »Kategorischen Imperativ«, der so lauten könnte: »Handle verallgemeinerungsfähig«, der aber in seiner »praktischen Vernunft« so formuliert ist: »Handle so, dass die Maxime deines Willens jederzeit zugleich als Princip einer allgemeinen Gesetzgebung gelten könne.« Anders gesagt: Handle wie ein weiser Gesetzgeber, der sich an sein eigenes Gesetz hält.

Seinem Inhalt nach ist dieser Imperativ allerdings nicht neu. Schon Jesus hatte die sogenannte Goldene Regel gepredigt: »Behandelt die Menschen so, wie ihr selbst von ihnen behandelt werden wollt« (Matthäus 7,12). Mit diesem Satz aus der Bergpredigt gab Jesus eine alte, längst vor ihm bekannte Weisheit wieder. Sie taucht u.a. in alten Lehren Chinas, Indiens, Griechenlands und Roms auf. Geht man davon aus, dass sie nicht in der Welt herumgereicht worden ist, dann muss sie spontan in verschiedenen Kulturen und Religionen entstanden sein. Dies wäre ganz im Sinne Kants. Die Vernunft muss zu einer solchen Regel führen, unabhängig davon, was einem Menschen beigebracht worden ist und welche Erfahrungen er im Umgang mit den Angehörigen einer bestimmten Kultur gemacht hat.

Wenn die Vernunft als Grundlage der Ethik herangezogen wird, dann muss man allerdings auch feststellen, dass der Mensch nur in beschränktem Maße fähig ist, seiner Vernunft zu folgen. Was nützt ein kühler Kopf, wenn es in tiefer gelegenen Regionen heiß zugeht? Stimmt es denn wirklich, dass Vernunft ohne die Außenwelt irgend etwas erkennen und ausrichten kann? Kant ging von sich und seiner preußisch-strengen Erziehung aus. Aber es gibt auch Menschen von anderer Substanz.

II. F. W. J. Schelling

Schon sieben Jahre nach Erscheinen von Kants »praktischer Vernunft« verfasste in Tübingen ein junger, frühreifer zwanzigjähriger Hitzkopf, der gerade dabei war, sein Theologiestudium zu beenden, ein indirekt gegen Kant gerichtetes Werk.

Seine Schrift »Neue Deduktion des Naturrechts« (1795) versucht, Kant weit hinter sich zu lassen. Friedrich Wilhelm Joseph Schelling (1775–1854) gründete sein Naturrecht nicht auf den Begriff Gesetz, sondern auf Begriffe wie Freiheit und Wille. Daher sein (allerdings nicht so benannter) kategorischer Imperativ: »Handle so, dass die ganze moralische Welt deine Handlung wollen könne.« (aus §45) Hier tut sich ein völlig anderes Denken kund. Zunächst geht es nicht wie bei Kant um meine Maxime und meinen Willen; sondern um die ganze »moralische Welt«. Nicht nach einem »Prinzip der Gesetzgebung« wird hier gefragt, sondern nach der Übereinstimmung mit dem freien Willen aller Menschen, die sich einer nicht weiter zu definierenden Moral verpflichtet fühlen. Schelling fügt dem noch einen Nachsatz an: »Handle so, dass durch deine Handlung kein vernünftiges Wesen als bloßes Objekt, sondern als mithandelndes Subjekt gesetzt werde.« Er unterstellt einen unausgesprochenen Konsens aller vernünftigen Menschen, dem sich der Einzelne anschließen muss. Keiner darf zum Objekt des anderen werden.

Voraussetzung dieser Lehre ist für Schelling die Forderung: »Das Gebot der Ethik muss also nicht den Ausdruck des individuellen, sondern den Ausdruck des allgemeinen Willens enthalten.« (§32) Diesen Willen darf man sich allerdings nicht als ein »Gesetz« vorstellen, sondern als formlose und unformulierbare Möglichkeit des moralischen Strebens überhaupt.

III. Niklas Luhmann

Das Pathos der deutschen Klassik hat in unserer Zeit einer nüchterneren Denkweise Platz gemacht. Dabei ging es seit Nietzsche der Moral selbst an den Kragen. Sie löste sich weitgehend von ihrer ethischen Herkunft und wurde für manche Denker zu einer Art Rezeptsammlung für ein angepasstes Dasein.

Der Soziologe und Philosoph Niklas Luhmann (1927–1998) schrieb: »Alle Moral bezieht sich letztlich auf die Frage, ob und unter welchen Bedingungen Menschen einander achten bzw. missachten. Mit Achtung soll eine generalisierte Anerkennung und Wertschätzung gemeint sein, mit der honoriert wird, dass ein anderer den Erwartungen entspricht, die man für eine Fortsetzung der sozialen Beziehungen voraussetzen zu müssen meint.« (Soziale Systeme 1984) Moral ist nach Luhmann eine »gesellschaftsweit zirkulierende Kommunikationsweise«. Unter diesem Gesichtspunkt kann es keine von innen her angelegte, zeitlose menschliche Moral geben, sondern nur den Blick auf die Mitmenschen. Wer sich so die Frage stellt: Wonach sich richten?, dem bleibt nur die Antwort: nach den Anderen. Kants moralisches Gesetz, das er in sich entdeckte, wird zum Trugbild, denn schließlich bleiben von der Moral bei Luhmann nur noch Begriffe wie Achtung, Anerkennung, Wertschätzung, soziales System, also Inhalte übrig, die man eher versuchen kann, empirisch zu erforschen, als einen so allgemeinen Begriff wie die Moral. Diese definiert Luhmann so: »Als Moral eines sozialen Systems wollen wir die Gesamtheit der Bedingungen bezeichnen, nach denen in diesem System über Achtung und Missachtung entschieden wird.« Die Moral ist hier also vollends ganz auf die Erde heruntergezogen worden, sie ist nichts Absolutes, sie hat keinen über die Frage nach Achtung und Missachtung im gesellschaftlichen Umgang hinausgehenden Eigenwert. Sie wird Mittel zum Zweck. Die anderen sollen das moralische Verhalten »honorieren«, nur darum geht es dann noch. Nicht mein Wille ist gefragt, nicht mein Gewissen, sondern konsequenterweise nur die optimale Methode, nicht anzuecken.

Dass Moral eine den gesellschaftlichen Umgang fördernde Funktion hat, das hätten auch Kant und Schelling nicht bestritten. Dass man sie aber auf das Geachtetwerden reduzieren könne, das hätte ihren Widerspruch herausgefordert. Die beiden Klassiker kannten eben den Wort- und Wertwandel der Epoche nach Nietzsche noch nicht.

IV. Jürgen Habermas

Der Luhmann'schen These soll hier eine weitere gegenübergestellt werden. Sie stammt von dem Philosophen Jürgen Habermas (geb.1929): »Gültig sind genau die Handlungsnormen, denen alle möglicherweise Betroffenen als Teilnehmer an rationalen Diskursen zustimmen können.« (Faktizität und Geltung, 1992)

Zunächst fragt man sich, ob dies nicht nur eine etwas modernere Formulierung von Kants These ist. Aber es gibt da doch einen grundsätzlichen Unterschied. Kant findet seinen potenziellen Gesetzgeber in sich, der macht kurzen Prozess und sagt dem Handelnden spontan, was rechtens sein kann und was nicht.

Habermas hingegen findet die Gesetze (Handlungsnormen) aufgrund eines unterstellten demokratischen Willensbildungsprozesses. Die Betroffenen müssen zustimmen können. So wird aus Kants monokratischem inneren Gesetzgeber ein demokratischer, bei dem die optimale Norm erst nach einer (gedachten) Debatte zwischen Regierung und Opposition gefunden werden kann. Für

Habermas kommt es zwar auf den »rationalen Diskurs« an, aber das Ergebnis müsse »konsensorientiert« sein. Einer solchen Auffassung wird ein demokratisch eingestellter Mensch schwerlich widersprechen können. Die Frage bleibt, ob mit ihr irgend etwas gewonnen ist, wenn man weiß, wie schwer rationale Erwägungen und Konsens unter einen Hut zu bekommen sind. Die von Habermas so schön erdachte Zustimmung zu rationalen Diskursen ist ein Ideal, dem der Demokratie gewohnte Praktiker leider so gut wie nie begegnet. Wo sind denn schon Kompromisse wirklich noch rational? Kants Moralist ist schneller bei der Sache.

Auffassungen, die sich darauf beschränken, Moral als äußerliches Mittel zum Zweck zu sehen, als gesellschaftliches Bindeglied oder als gedachtes Ergebnis einer Anpassung an die Meinung der anderen, bergen die große Gefahr, dass höhere Werte dabei verkümmern. Sie führen zu einem Gewissen, das an Ermahnungen wie »Das tut man doch nicht!«, »So etwas darf man nicht sagen!«, »Was sollen die Leute von dir denken?« orientiert ist. Auch wenn es keiner der soziologisch orientierten Denker je wollen oder zugeben würde, führt ihr Denken letzten Endes doch wieder in die gute alte Zeit, als es darum ging, »ein artiger Junge« zu werden. Moral verkommt zu einem Mitläufertum, wenn ihre transzendenten Bindungen und Abhängigkeiten vernachlässigt werden. Sie darf nicht nur an den Mitmenschen, sondern sie muss an der ganzen Welt, am Kosmos, an der Schöpfung orientiert sein. Man könnte die hier aufgezeigte Opposition zur modernen, soziologisch begründeten Moral so zusammenfassen: Es ist unmoralisch, auf Achtung und Konsens Wert zu legen, wenn es darum geht, für einen neuen Weg aus der Krise zu kämpfen. Sowohl die Märtyrer als auch ihre Henker hatten eine Moral. Aber hier nach einem Konsens zu suchen, führt ins Leere.

V. Thesen

1. Moral ist nie Privatangelegenheit. Sie bezieht sich zumindest (aber nicht nur) auf das Verhältnis zu den Mitmenschen. Dieser Bezug kann auf verschiedene Weise gesehen bzw. hergestellt werden.

2. Die moralische Wertung beruht auf der von innen kommenden Vernunft. Sie hilft dem Menschen dabei, sich einen Gesetzgeber vorzustellen, an dessen Normen man sich gebunden fühlt. (nach Kant)

3. Der freie Mensch findet seinen eigenen Willen in Übereinstimmung mit dem Gesamtwillen der Welt. Gelingt ihm dies, dann herrscht er über die Moral und kann nur moralisch handeln. (nach Schelling)

4. Im 20. Jahrhundert löst sich die Moral weitgehend von ihrer ethischen Grundlage und bezieht sich überwiegend auf äußerlich feststellbares Verhalten, unabhängig von einer inneren Einstellung.

5. Moral bezieht sich auf die gesellschaftliche Achtung. Wer Beziehungen mit anderen aufnehmen will, muss sich der allgemeinen Wertschätzung würdig erweisen. (nach Luhmann)

6. Handlungsnormen müssen konsensfähig unter den Betroffenen sein. (nach Habermas)

7. Moral darf (im Gegensatz zu den Thesen 4 bis 6) nicht nur als Mittel angesehen werden, ein angenehmer oder an Mehrheitsmeinungen angepasster Zeitgenosse zu sein, sie muss sich in einer höheren Dimension auf das Verhältnis zum Kosmos beziehen.

9. Ein neuer kategorischer Imperativ könnte lauten: Handle so, dass du, wenn du in den Spiegel der Welt schaust, nicht das Gefühl hast, du müsstest eigentlich einen roten Kopf bekommen.

VI. Bewertung

+ Die Versuche, Moral aus allgemeinen Denkgrundsätzen zu folgern, sind nützlich für die Wissenschaft und für Menschen, die abstrakt denken können.

Der Kant'sche kategorische Imperativ hat die deutsche Geistesgeschichte, und nicht nur sie, nachhaltig beeinflusst.

— Moralfundamente, die sich am gedachten, vorstellbaren Willen der Gesamtheit der Menschen orientieren, sind allgemein, vage und schwer konkretisierbar.

»Kategorische Imperative«, wie auch immer hergeleitet, sind wenig geeignet, im Leben moralische Auswirkungen zu zeitigen.

Das zehnte Modell:
Die Frage »Wozu ist das gut?« – der Utilitarismus

Ethischer Imperativ: Richte dich nach dem Nützlichen!

Auf die alte Frage nach dem »cui bono?« unseres Handelns, nach dem »Wozu soll das gut sein?«, sollen hier als Beispiele verschiedene Antworten vorgestellt werden:

1. Benedictus de Spinoza (17. Jahrhundert)
2. Adam Smith (18. Jahrhundert)
3. John Stuart Mill (19. Jahrhundert) und
4. Erwägungen aus dem 20. Jahrhundert.

I. Spinoza

Der niederländische Philosoph Benedictus (ursprünglich Baruch) de Spinoza (1632–1677) versuchte, dem damaligen mathematisch-naturwissenschaftlichen Zeitgeist auf geradezu fanatische Weise auch in der Ethik zu dienen. Er schrieb als sein Haüptwerk eine »Ethik«, die er auf geometrische Weise darzustellen versuchte. Sein wichtigstes Arbeits- und Argumentationsmittel war nicht die Erfahrung, sondern die Sprache. Er konstruierte zu den von ihm gebrauchten Begriffen eine Definition wie etwa diese: »Unter gut verstehe ich dasjenige, von dem wir sicher wissen, dass es uns nützlich ist. Unter schlecht (oder bös) dagegen dasjenige, von dem wir sicher wissen, dass es uns hindert, irgendeines Gutes teilhaft zu werden.« (Vierter Teil, Einleitung, Begriffsbestimmungen) Folgt man insoweit Spinoza, dann wäre die erfolgreiche, aber unauffällige Beseitigung des reichen Erbonkels für den habgierigen Neffen nützlich, also gut, zumal dieser den Erben durch sein Weiterleben daran hindern würde, seines »Gutes teilhaft zu werden«. Der lebende Erbonkel wäre also automatisch böse.

Dies gilt schon deshalb, weil Spinoza meinte, »das Bestreben nach Selbsterhaltung ist die erste und einzige Grundlage der Tugend«. (4. Teil, 22. Lehrsatz – Folgesatz) Der »gute« Mörder des »bösen« Onkels möchte sich ja schließlich mit dem so erworbenen Vermögen auch selbst erhalten. Solche absurden »Beweise« wären mit Spinozas Ethik möglich. Das wurde den vielen Kritikern und Gegnern seiner Methode bald bewusst: Hinter dem platten Streben nach selbstbezüglicher Nützlichkeit könne keine anerkennenswerte Ethik stehen. Dabei war Spinoza keineswegs Anhänger einer materialistischen oder gar egoistischen Ethik, im Gegenteil. Seine quasi geometrischen Denkkonstruktionen führen jedoch immer wieder in Zirkelschlüsse hinein oder an moralische Felswände und Abgründe. Sein geometrisches Ethikprojekt ist auf eine geniale Weise gescheitert, es bleibt dennoch wichtig und lesenswert.

II. Adam Smith

Gibt es eine Moral ohne moralische Absicht, gewissermaßen eine Moral, die geradezu von selbst entsteht, vielleicht sogar trotz unmoralischer Zwecke? Das Werk über den »Wohlstand der Nationen« (Wealth of Nations, 1776) von Adam Smith machte Furore und ist noch heute in mancher Beziehung grundlegend. Für Smith, der auch ein Buch über die Theorie der ethischen Gefühle geschrieben hat, ist der Wohlstand der Völker, das große allgemeine Ziel, nicht nur ein vordergründig wirtschaftspolitisches, sondern auch ein ethisches Problem. Seine Hauptthese ist, dass eine allen Menschen zu Gute kommende florierende Wirtschaft nicht durch nationalen Egoismus und Dirigismus zustande komme, sondern durch die jeweils freie Entscheidung der am Wirtschaftsleben Beteiligten. Damit widersprach er dem damals noch herrschenden, von der Staatsmacht betriebenen Merkantilismus. Smith stellt das überkommene System einfach auf den Kopf: Nicht der Monarch mit seiner Politik kann den Wohlstand eines Landes von oben fördern, sondern der seine eigenen Interessen wahrnehmende freie Kaufmann gewissermaßen von unten.

Ausgangspunkt dieser Erkenntnis ist Smiths berühmt gewordenes Wort von der »unsichtbaren Hand«. Wer nach eigenem Gewinn strebt, »wird in diesem, wie auch in vielen anderen Fällen, von einer unsichtbaren Hand geleitet, um einen Zweck zu fördern, den zu erfüllen er in keiner Weise beabsichtigt hat«. Smith wird dabei sehr deutlich: »Alle, die jemals vorgaben, ihre Geschäfte dienten dem Wohl der Allgemeinheit, haben meines Wissens niemals etwas Gutes getan. Und tatsächlich ist es lediglich eine Heuchelei. (…) Der einzelne vermag ganz offensichtlich aus seiner Kenntnis der örtlichen Verhältnisse weit besser zu beurteilen, als irgend ein Staatsmann oder Gesetzgeber für ihn tun kann, welcher Erwerbszweig im Lande für den Einsatz seines Kapitals geeignet ist.« Mit diesem grundlegenden, damals revolutionären Bekenntnis zum Liberalismus wird der zentral gesteuerten Wirtschaftspolitik des Landes die Grundlage entzogen. Es kommt nicht darauf an, welche Zwecke man verfolgt, sondern was man mit seinem Handeln tatsächlich erreicht. Wenn man die weitere Entwicklung in den über zwei Jahrhunderten seit Adam Smiths Schrift betrachtet, dann wird man erkennen, dass er weitgehend Recht behalten hat. Die unternehmerische Freiheit fördert in der

Tat den allgemeinen Wohlstand. Den Zusammenbruch der zentral gesteuerten Sowjet-Wirtschaft hätte Adam Smith voraussehen können.

Die Frage in unserer Zeit im Sinn von Adam Smith könnte jedoch so lauten: Ist das Verhalten globaler Großkonzerne noch »privater Egoismus«, oder herrschen hier in Wirklichkeit absolutistische und zentralistische Mächte, die über die staatliche Macht sogar noch hinaus gehen und den Liberalismus ad absurdum führen? Smith ging von der »Kenntnis der örtlichen Verhältnisse« aus, kann diese aber einem Kapitalanleger, der sich nur für die Aktienkurse interessiert, unterstellt werden? Smith könnte heute dazu beitragen, den Begriff Liberalismus neu zu definieren.

III. John Stuart Mill

Im 19. Jahrhundert versuchte ein englischer Denker, die Moral der Nützlichkeit auf neue Weise zu begründen: John Stuart Mill (1806–1873) war der Erste, der dafür ausdrücklich das Wort »Utilitarismus« gebrauchte (von lat. utilis = nützlich). Er schrieb: »Wenn von etwas gezeigt werden kann, dass es gut ist, dann nur dadurch, dass man zeigt, dass es ein Mittel zu etwas anderem ist, von dem ohne Beweis zugegeben wird, dass es gut ist.« Durch den Nachsatz, dass allgemein, also nicht nur zu egoistischem Nutzen, das gute Ziel angestrebt werden müsse, kann man dem Erbonkel auf logische Weise das Leben retten. Auch Mill steht jedoch mit einem Bein seiner Argumentation über einem logischen und moralischen Abgrund, wenn er sagt, Lust und Freisein von Unlust seien die einzigen Dinge, die als Endzwecke wünschenswert seien. Lust als Endzweck der Moral? Und das im frommen England des viktorianischen Zeitalters? Mill muss da einen doppelten Salto Mortale nach rückwärts schlagen, um nicht angreifbar zu werden. Er zieht sich so aus der Affäre: Es kommt eben darauf an, was man unter Lust versteht. Lust (pleasure) ist eine Angelegenheit, die überhaupt nur ein höheres Wesen richtig erkennen und erfahren kann. Hier geht es also nicht um niedere Lust: »Es ist besser, ein unzufriedener Mensch zu sein, als ein zufriedenes Schwein; besser ein unzufriedener Sokrates, als ein zufriedener Narr.« Um sich noch deutlicher von unmoralischen Folgerungen abzugrenzen, sagt Mill, den Utilitaristen gehe es nicht um das Glück des Einzelnen, sondern um das einer möglichst großen Zahl. Es gehe darum, »in der Seele jedes einzelnen eine unauflösliche gedankliche Verbindung herzustellen zwischen dem eigenen Glück und dem Wohl des Ganzen«. So verstanden empfindet nur der wahres Glück, der zum Wohl des Ganzen wirksam beiträgt. Das glückliche Schwein kann also schon von seiner Natur aus mit solchen Glücksgefühlen nicht aufwarten – allenfalls nach seinem Tod, beim glücklichen Verzehr durch die Menschen.

Durch den logischen Rückzieher, der in der moralischen Definition von Lust und Glück (happiness) besteht, ist Mill salonfähig geblieben. Die Folgen dieser Nützlichkeitsethik sind aber in der Zeit nach ihm weit über Mills Definitionen und Konstruktionen hinausgegangen. Wer heute ethisch argumentieren will, kann sich am ehesten Zustimmung verschaffen, wenn er darlegen kann, welche nützlichen oder schädlichen Folgen ein Verhalten mit sich bringt.

IV. Der moderne Utilitarismus

Der zeitgenössische Utilitarismus befasst sich weniger mit dem Glücksgefühl der Menschen als mit messbaren positiven und negativen Auswirkungen, wobei letzten Endes das »Wohl« der Menschheit zumindest indirekt immer mit hereinspielt. Hier werden hohe Durchschnittseinkommen als Indiz für »Glück und Wohlstand«, und niedere als eines für »Not und Elend« angesehen. Gleiches gilt etwa für Annahmen wie: Wirtschaftswachstum ist gut, Rückgang der Wirtschaftsleistung ist schlecht. Dass solche Wertungen auf einem Vorurteil beruhen und in hohem Maße einfältig sind, wird zwar von privater Seite gelegentlich festgestellt, es hat sich aber nicht bis in die »hohe Politik« herumgesprochen.

Der Philosoph Hans Lenk unterscheidet zwei verschiedene ethische Typen: Im Handlungsutilitarismus geht es um die beabsichtigten oder abschätzbaren Folgen des Handelns, im Regelutilitarismus um die Einhaltung von Regeln und Normen (Technik und Ethik 1987). Letzten Endes kommt es immer darauf an, wohin Handeln und Regeln führen sollen. Es geht gewissermaßen um eine Folgenabschätzung. Nützlichkeitserwägungen bestimmen meist die Erörterungen über Grundprobleme moderner Politik. Dank utilitaristischer Auffassungen werden diese Erwägungen dann überwiegend als »ethisch« bezeichnet. Hier folgen einige Beispiele solcher Probleme:

– Sollen wir armen Ländern wirtschaftliche Hilfe leisten?
– Inwieweit sollen Insektizide und Kunstdünger eingesetzt werden?
– Lässt sich der Raubbau an Wäldern vermeiden?
– Ist die wirtschaftliche Nutzung von Genmanipulationen vertretbar?
– Sollen wir auch in Zukunft Kernkraft nutzen?
– Ist Krieg die richtige Antwort auf einen Terroranschlag?
– Lässt sich die industrielle Aufzucht von Schlachttieren vermeiden?
– Gibt es Alternativen zur Globalisierung der Wirtschaft?

Solche Fragen und viele andere können auf eine utilitaristische Weise erörtert werden, indem Vor- und Nachteile, Risiken, Gefahren und Chancen gegenübergestellt werden. Im »Idealfall« könnten auch die finanziellen Auswirkungen einer Maßnahme herbeizitiert werden. Was kosten die Raucher den Staat im Vergleich zu den Einnahmen aus der Tabaksteuer und der kürzeren Zeit der Rentengewährung? Lohnt sich die Erweiterung des Schienennetzes auf Kosten der Mittel für den Straßenbau? Die Frage bleibt: Inwieweit darf sich Ethik damit begnügen, mit materiell feststellbaren Nutzen und Schäden für die Menschen oder mit dem materiellen Wohlstand von Völkern zu argumentieren? Sind auf diese Weise überhaupt ethische und nicht nur wirtschaftliche Antworten zu finden? Oder ist, wie manche annehmen, das wirtschaftliche Argument an sich schon ethisch fundiert? Wer sich mit dem Wohlstandsargument begnügt, betreibt der nicht, im Verständnis von Mill, die Ethik der zufriedenen Schweine, die nicht wissen, wie glücklich ein Sokrates sein konnte? Deshalb wird immer wieder darauf hingewiesen, dass es nach wie vor moralische Werte jenseits des Nützlichkeitsstandpunktes zu beachten gibt. Die Frage »Was dürfen wir?« lässt sich nicht nur mit Hinweisen auf wirtschaftliche Chancen und Gefahren beantworten. Gesucht werden müssen moralische Werte diesseits von Gut und Böse. Das Problem besteht darin, Werte zu schützen, die sich jeder Quantifizierung entziehen und die sich nur mit Einschränkungen in eine wirtschaftsorientierte Argumentationskette einfügen lassen. Wer nur Argumente zulässt, die sich auf messbare Fakten beziehen, nach dem Standpunkt: Was sich nicht zählen lässt, zählt nicht, verliert die eigentliche ethische Orientierung. Unter dem Gesichtspunkt einer puren Nützlichkeitsbewertung besteht die Gefahr, dass Ethik letztlich nur als Wirtschaftsfaktor akzeptiert und Moral in Geld umgerechnet wird.

V. Thesen

1. Gut ist, was dem Wohlergehen, der Zufriedenheit oder dem Glücksgefühl einer möglichst großen Zahl von Menschen nützt.
2. Wahres Glück ist nicht das Glück des Schweins, sondern das des edlen Menschen.
3. Folgenethik bezieht sich in erster Linie darauf, welche objektiv feststellbaren Auswirkungen eine Maßnahme haben kann. Es kommt darauf an, wie man die möglichen Folgen bewertet.
4. Die nur auf den Nützlichkeitsstandpunkt abgestellte Entscheidung birgt die Gefahr, nicht quantifizierbare ethische Werte zu übersehen.

VI. Bewertung

+ Der Utilitarismus ermöglicht gut darstellbare Ziele und Vorgaben für das Handeln. Er erleichtert das Argumentieren.

− Wird nur die Nützlichkeit einer Maßnahme bewertet, dann fallen alle anderen Werte unter den Tisch. Der Utilitarismus birgt die Gefahr, dass schließlich nur noch finanzielle Interessen bewertet werden.

Die von Mill eingeführten Einschränkungen, die nur die Freuden des edlen Menschen als nützlich ansehen, verlagern das Problem auf die Frage: Was ist ein edler Mensch?

Das elfte Modell:
Der Sozialismus oder die Sicht von unten

Ethischer Imperativ: Beteilige dich am Kampf um soziale Gerechtigkeit!

I. Die christliche Urgemeinde

Der Begriff »Sozialismus« gelangte erst im 19. Jahrhundert in die deutsche Sprache und wirkte hier ähnlich wie das Wort »Kommunismus« für viele als ein »Gespenst«, wie es Marx und Engels im berühmten Eingangssatz zu ihrem »Kommunistischen Manifest« (1848) darstellten. Diese zunächst französischen Wortbildungen aus den lateinischen Wörtern »socius« (Gefährte, Genosse) und »communis« (gemeinsam, allgemein) bezeichnen eine Hoffnung, die in allen Gesellschaften immer wieder, wenn auch mit anderen Begriffen, verkündet und versucht worden ist. So gesehen steht Karl Marx in einer menschheitsalten Tradition. Der Sozialismus begann nicht mit ihm, und er endete nicht mit dem Zusammenbruch der Sowjetunion.

Das Idyll der frühchristlichen Urgemeinde konnte sich nur in kleinen Verhältnissen halten: »Die ganze Gemeinde war ein Herz und eine Seele. Wenn einer Vermögen hatte, betrachtete er es nicht als persönliches, sondern als gemeinsames Eigentum. Niemand aus der Gemeinde brauchte Not zu leiden. Sooft es an etwas fehlte, verkaufte irgendeiner sein Grundstück oder sein Haus und brachte den Erlös zu den Aposteln. Jeder bekam davon so viel, als er nötig hatte.« (Apostelgeschichte 4, 32.34.35) Wenn dieses Modell auch in späteren Jahrhunderten immer wieder angestrebt wurde, so muss es doch unter dem Gesichtspunkt der damaligen Erwartung des nahen Weltendes gesehen werden. Ein paar Wochen vor dem Jüngsten Tag mag sich mancher leichter von seinem Besitz trennen als in einer Zeit, in der man hoffnungsvoll für die Erben sorgen will.

Die Bereitschaft, zu geben und zu nehmen, für den Mitmenschen brüderlich zu sorgen und ohne jegliches Besitzstreben alles miteinander zu teilen, setzt einen Menschen voraus, der bereit und in der Lage ist, sich ganz einer religiösen Hoffnung hinzugeben, in einer Gemeinschaft aufzugehen. Menschen, die sich zu solchen Idealen bekannten, hat es unzählige gegeben; Menschen, die es dann wirklich konsequent vorleben konnten, leider nur »zählige«.

II. Thomas Morus und sein Land Utopien

Kommunistische bzw. radikalsozialistische Gemeinden mit kleiner, überschaubarer Bevölkerungszahl, in denen jeder jeden kennt, mögen ein langes Leben haben. Aber wie sieht es in Massenstaaten damit aus? Einer, den dieses Problem beschäftigt hat, war der englische Lordkanzler Thomas More (Morus, 1478–1535), der seine Schrift »Utopia«, einen fingierten Reisebericht vom Land »Nirgendwo«, 1516 veröffentlichte. Im Land Utopien, dem »glücklichsten aller Staaten«, herrscht ein radikaler Kommunismus, es gibt dort kein Privateigentum und kein Geld. Die tägliche Arbeitszeit beträgt nur sechs Stunden, das genügt, »weil es keine Verschwörung der Reichen gegen die Armen« gibt. Marx hätte gesagt, weil die Arbeiter dort nicht ausgebeutet werden, denn sie arbeiten nur so viel, dass der Kapitalist sich nicht an dem durch sie erarbeiteten »Mehrwert« bereichern kann.

Volk und Beamte tragen im Land Utopien eine schmucklose Einheitskleidung, Schmuck ist verboten,

Männer und Frauen sind gleichberechtigt, Mahlzeiten und Kindererziehung sind gemeinsam, geistige Bildung und körperliche Ertüchtigung sind Pflicht für alle. Die Ehescheidung ist zugelassen, die Todesstrafe ist abgeschafft. (Thomas More selbst wurde 1535 hingerichtet, weil er sich als standhafter Katholik geweigert hatte, einen Eid auf König Heinrich VIII. als das Oberhaupt der englischen Kirche zu leisten.) »In Utopien sieht man keine Weinschenke, kein Bierhaus, nirgends ein Bordell.« Schließlich kommt der erzählende Gewährsmann zu seiner Behauptung: »Obschon keiner etwas besitzt, sind doch alle reich.« Aber gerade in dieser Behauptung steckt das zentrale Problem. Kann sich der Mensch in einer solch mausgrauen, erlebnislosen Einheitsgesellschaft glücklich fühlen? Immerhin kennt Morus schon dieses Problem, an dem kommunistische Gesellschaften immer wieder gescheitert sind, und lässt den Einwand erörtern: »Wie soll denn die Menge der Güter ausreichen, wenn jeder sich vor der Arbeit drückt, weil ihn ja kein Erwerbstrieb mehr ansport? (…) Wenn erst einmal die Autorität der Obrigkeit und der Respekt vor ihr verschwunden sind, welche Autorität dann überhaupt noch ihre Stelle finden soll unter den Menschen, zwischen denen keinerlei Unterschied besteht, das kann ich mir nicht einmal vorstellen.«

Morus beschränkte sich darauf, seinen radikal sozialistischen Idealstaat vorzustellen und ihn kritisch zu befragen. An eine politische Agitation dachte er nicht. Über dreihundert Jahre später riefen Karl Marx und Friedrich Engels im »Kommunistischen Manifest« (1848) zu Klassenbewusstsein, Abschaffung des Eigentums an Produktionsmitteln und zur Erhebung des Proletariats zur herrschenden Klasse auf. Die alten Ideale einer religiösen, zumindest ethischen Begründung der auf gemeinsamem Eigentum beruhenden Gesellschaft werden aufgegeben zugunsten eines Klassenkampfs, den sich Marx, der immerhin von einer humanistischen Tradition ausgegangen war, so nicht hätte vorstellen können, der aber später unter Lenin und Stalin in der Sowjetunion und in anderen Ländern viele Millionen Menschen das Leben gekostet hat.

III. Links ist eine Methode

Nach dem Zusammenbruch des europäischen Kommunismus als Staatssystem machte sich auch der Sozialismus ganz allgemein auf die Suche nach neuen geistigen Inhalten. Es hat sich immer wieder gezeigt, wie Gesellschaften, in denen elementare menschliche Impulse unterdrückt oder nicht anerkannt werden, erkranken und zusammenbrechen. Dies gilt aber nicht nur für kommunistische Staaten. Auch kapitalistische Systeme müssen damit rechnen, dass unter den Folgen einer steuerlosen und unbarmherzigen Weltwirtschaft menschliche Grundbedürfnisse unterdrückt werden, und so die Gefahr eines gesellschaftlichen Kollapses entsteht. Wo das Klassenbewusstsein durch ein Kassenbewusstsein ersetzt wird, entsteht eine Brutalgesellschaft und keine Idealgesellschaft. Denn zu den natürlichen menschlichen Impulsen gehört nicht nur das Besitzstreben, sondern auch das Streben, sich wirksam für die Gemeinschaft einzusetzen. Nicht nur das egoistische, auch das soziale Verhalten sorgt für das Überleben einer Gesellschaft. Werden gesellschaftliche Krankheiten nicht rechtzeitig erkannt, dann droht dem Staat Gefahr. Sie abzuwehren ist eine Aufgabe aller Bürger. Aber in welcher ethischen Grundhaltung kann dies geschehen?

Die Versuche, sozialistische Restimpulse zu aktivieren, werden bescheidener, denn zu viele negative Erfahrungen hatten die Menschen des 20. Jahrhunderts mit sozialistischen Gewaltmustern machen müssen. Als ein Versuch in dieser Richtung könnten die Thesen des Berliner Politologen Eckehart Krippendorf zu verstehen sein, die u. a. folgende Sätze enthalten: »Links ist, wer zwischen unten und oben unterscheidet – und die Welt von unten sieht (...). Die Linke hat keine Utopie, sondern eine Perspektive (...). Sozialismus als linkes Projekt ist ein Widerspruch in sich, so wie Sozialismus und Utopie (...). Demgegenüber ist links selbst eine Methode, sonst gar nichts« (S. 291 ff). Ein so verstandener nüchterner Sozialismus ist also nicht ein erstrebenswerter Idealzustand, eine klassenlose Gesellschaft, ein proletarisches Paradies auf Erden, sondern eine von Fall zu Fall neu zu findende Strategie im Umgang mit Macht- und Herrschaftsverhältnissen. Es ist der Blick von unten nach oben, verbunden mit der Bereitschaft, daraus politische Konsequenzen zu ziehen. Auch wenn das alles ist, was von einstigen sozialistischen Hoffnungen noch übrig bleibt, so ist es doch eine Aufgabe, die viel unbequemer und schwieriger ist als die, eine Utopie als Transparent vor sich her zu tragen. Es ist ein Sozialismus, der auf allen Ebenen täglich neu definiert und meist unspektakulär erkämpft werden muss.

IV. Thesen

1. Radikaler Sozialismus wurde zu allen Zeiten propagiert und versucht. Er fordert den Verzicht auf das persönliche Besitzstreben zu Gunsten einer Verantwortung für die Gemeinschaft. Alles gehört allen, dem Einzelnen gehört nichts.
2. Sozialistische Idealgesellschaften lassen sich leichter propagieren als verwirklichen. Schuld daran sind natürliche, allgemein-menschliche Eigenschaften wie Freiheitsdrang, Besitztrieb und Erwerbsstreben, die sich

immer nur bei Einzelnen und in kleinen Gemeinschaften, für die Massen jedoch nur vorübergehend eindämmen lassen.

3. Gesellschaften, die natürliche menschliche Impulse unterdrücken oder nicht anerkennen, laufen Gefahr, zu erkranken und unterzugehen.

4. Sozialismus nach einer Zeit, in der sich das Scheitern kommunistischer Systeme erwiesen hat, muss darauf verzichten, gesellschaftliche Idealbilder zu projizieren.

5. Der Sozialismus im weitesten Sinn ist nicht am Ende. Gemeinschaft aufzubauen und zu erhalten ist eine Aufgabe für alle, nicht nur für den Staat.

6. Sozialistische Impulse haben auch in einer Gesellschaft, die sich, wenngleich nicht ausdrücklich, zum Kapitalismus bekennt, nach wie vor ihren Sinn. Sie können sich stärker als bisher darauf konzentrieren, Machtstrukturen von unten zu betrachten und auf dynamische Weise dort auf sie einzuwirken, wo sie drohen, sich zu verselbstständigen und menschliche Impulse zu unterdrücken.

7. Die kritische Bewertung von Machtstrukturen und der aktive Einsatz für soziale Gerechtigkeit können als Herausforderung für politisches Handeln gesehen werden. So betrachtet, findet Politik auch außerhalb von Parteien und politischen Institutionen im beruflichen und privaten Alltag statt.

V. Bewertung

+ Eine Gesellschaft, die darauf aufbaut, dass jeder jedem hilft, die keinen der Not oder Vereinsamung aussetzt, ist eine beflügelnde Hoffnung auch in der Zukunft.

Staaten, in denen nicht die Einen von den Anderen unterdrückt werden, sondern in der alle zunächst die gleichen Chancen haben, sind nach wie vor ein hohes ethisches Ziel.

— Wir der Sozialismus zum Selbstzweck, entartet er in einen menschenfeindlichen Dogmatismus.

Es ist bis jetzt noch kein Staat nachweisbar, der auf Dauer einen konsequenten Sozialismus ohne Unterdrückung der Menschen durchgehalten hat.

Das zwölfte Modell:
Die Frage nach dem Mitleid

Ethischer Imperativ: Empfinde Mitleid und
handle danach!

I. Ein klassischer Gegensatz

Arthur Schopenhauer behauptet in seiner Schrift über die
»Grundlage der Moral« (1840): Was den Willen bewege
oder überhaupt bewegen könne, sei auf das Wohl und
Wehe eines für Wohl und Wehe empfänglichen Wesens gerichtet. Wer ist nun ein solches Wesen? Es kann der Handelnde selbst oder ein anderer sein. Weiterhin sagt er: »Jede Handlung, deren letzter Zweck das Wohl und Wehe
des Handelnden selbst ist, ist eine egoistische.« Dann aber
folgt Schopenhauers eigenartige Konsequenz: »Hat eine
Handlung einen egoistischen Zweck zum Motiv, so kann
sie keinen moralischen Wert haben (…). Wenn nun aber
meine Handlung ganz allein des Anderen wegen geschehen soll, so muss sein Wohl und Wehe unmittelbar mein
Motiv sein.«

Diese These widerspricht fast allen Auffassungen der
Moral, die bis dahin gelehrt worden sind. Es war immer
ein moralisch anerkanntes Motiv des Handelns, wenn der
Handelnde dabei auch an sich selbst dachte, sofern dieser
Eigennutz nicht auf Kosten eines anderen geschah. Tugend führt zum glückseligen Leben, hieß es bei den griechischen Klassikern; Gelassenheit dient dem gelingenden
Leben, war die These der Stoiker; schon bei Moses hieß es:
Liebe deinen Nächsten wie dich selbst. Wenn eine Mutter
für ihr Kind sorgt, ist das denn nicht auch eine Handlung
im eigenen Interesse? Lassen sich die Interessen und Mo-

tive zwischen dem Handelnden und seinem Gegenüber so ganz und gar säuberlich trennen? Schopenhauer will die von ihm selbst begründete Trennung zwischen »mir und jedem anderen« bis zu einem gewissen Grad dann doch wieder aufheben oder zumindest überbrücken. Das geschieht dadurch, »dass jener andere der letzte Zweck meines Willens wird«. Dies gelingt einem Menschen nur dann, wenn er mitleidet. So wird das Mitleid »alleinige Quelle der Handlungen von moralischem Wert«.

Schopenhauer ist von der Gültigkeit dieser Ansicht so überzeugt, dass er behaupten kann, grenzenloses Mitleid mit allen lebenden Wesen sei der festeste und sicherste Bürge für das sittliche Wohlergehen. Das bedürfe keiner »Kasuistik«, also keiner Aufzählung von Beispielen. Man könne unmöglich sagen »Dieser Mensch ist tugendhaft, aber er kennt kein Mitleid«, oder »Es ist ein ungerechter und boshafter Mensch, jedoch ist er sehr mitleidig«. Das passe einfach nicht zusammen. Schopenhauers Thesen haben manches für sich, insgesamt haben sie aber für die Ethik nur theoretisch Bedeutung erlangt. Sicher ist Mitleid als Triebfeder des Handelns anzuerkennen, aber über Ethik gibt es wesentlich mehr zu sagen, als sie auf das Mitleid zu reduzieren.

II. Nietzsche distanziert sich von Schopenhauer

Als Nietzsche sich hinter die Umwertung aller Werte machte, mussten nicht nur Gott und die gesamte Moral, sondern selbst der einst verehrte Richard Wagner samt seiner Opern auf die Anklagebank. Auch zu Schopenhauers sonst hochverehrtem Werk geht Nietzsche auf Abstand. Er lehnte dessen Mitleids-Moral ausdrücklich ab und hielt sie für Gefühlsverweichlichung, für eine Krankheit, die selbst die Philosophen ergriff. In seinem Buch

»Also sprach Zarathustra« ging Nietzsche noch weiter. In dessen zweitem Teil widmete er diesem Thema einen ganzen Abschnitt: »Von den Mitleidigen«. So spricht der große Lehrer: »Wahrlich, ich mag sie nicht, die Barmherzigen, die selig sind in ihrem Mitleiden: zu sehr gebricht es ihnen an Scham.« Zarathustra begnügt sich nicht damit, die Mitleidigen für schamlos zu halten. »Ach, wo in der Welt geschahen größere Torheiten, als bei den Mitleidigen? Und was in der Welt stiftete mehr Leid, als die Torheiten der Mitleidigen?« Auch damit nicht genug; Nietzsche greift zum stärksten Geschütz: »Also sprach der Teufel einst zu mir: ›Auch Gott hat seine Hölle: das ist seine Liebe zu den Menschen.‹ Und jüngst hörte ich ihn dies Wort sagen: ›Gott ist tot; an seinem Mitleiden mit den Menschen ist Gott gestorben‹.«

Zwar wird dieser Satz dem Teufel in den Mund gelegt, aber der zitierende Zarathustra – Nietzsche steckt selbst hinter dieser Aussage. War der Mensch Friedrich Nietzsche selbst der amoralische, harte Herrenmensch, der Übermensch, den er hymnisch verherrlichte? Kurz vor Ausbruch seiner Geisteskrankheit verband er einem verletzten Hund die Pfoten und umarmte mit tränenden Augen ein geschlagenes Pferd. Hier zeigte sich in kurzem Aufleuchten noch einmal der immer sensibel und trotz aller seiner gegenteiligen Beteuerungen im innersten Herzen religiös gebliebene Mensch. Er hatte einmal in einem Gedicht bekannt: »Versteck dein blutend Herz in Eis und Hohn!« Dies ist ihm nicht immer gelungen.

III. Thesen

1. Das Mitleid steht im Zentrum religiöser, nicht nur christlicher Ethik. Normalerweise braucht es darüber hinaus keine besondere philosophische Lehre.

2. Schopenhauer stellt das Mitleid als Grundlage der menschlichen Moral dar.

3. Nietzsche hielt in seiner polemischen Phase das Mitleid für eine menschliche Schwäche, für eine Torheit.

IV. Bewertung

+ Mitleid ist eine der wichtigsten Grundlagen des menschlichen Zusammenlebens.

Ohne die Fähigkeit, das Leiden anderer Menschen zu erkennen, zu spüren und helfend einzugreifen, verkommt eine Gesellschaft.

– Wird Mitleid zum Selbstzweck, kann es Einzelne im Extremfall dazu verführen, ihr eigenes Leben zum Nachteil der Gesellschaft zu vernachlässigen.

Sowohl Schopenhauers These, Mitleid sei das oberste Prinzip der Moral, als auch Nietzsches Behauptung, Mitleid sei schädlich, sind interessante Überlegungen, deren Nützlichkeit nur darin besteht, dass sie zum Nachdenken herausfordern.

Das dreizehnte Modell:
Die Moral unserer Rechtsordnung

Ethischer Imperativ: Halte dich an die Gesetze!

I. Ist die Lüge strafbar?

Die Lüge hält man für unmoralisch, aber das Recht kümmert sich nicht speziell um die Moral, es hat andere Grundlagen. Soll eine Lüge strafbar sein, müssen noch andere Umstände hinzukommen. Moral und Recht stehen auf verschiedenen Ebenen, beeinflussen sich aber gegenseitig. Das deutsche Strafrecht ahndet die Lüge nur dann, wenn sie in einer bestimmten Form auftritt: z. B. als üble Nachrede, als Verleumdung, als Betrug oder als Falschaussage vor Gericht. Strafbar ist also nur die qualifizierte Lüge: Es kommt darauf an, was man mit ihr anrichten will. Um dies zu verstehen, gibt es eine einfache Erklärung: Unsere Rechtsordnung schützt Rechtsgüter, nicht aber die Moral als solche. Geregelt ist nur ein ethisches Minimum. Rechtsgut ist ein durch und durch irdischer Begriff ohne metaphysischen Stammbaum. Rechtsgüter sind Lebensgüter, Sozialwerte und rechtlich anerkannte Interessen des Einzelnen oder der Allgemeinheit, die wegen ihrer Bedeutung für die Gesellschaft Rechtsschutz genießen (Wessels/Beulke). Es geht um die Verwirklichung des Gemeinwohls. Wenn ein Urteil »im Namen des Volkes« ergeht, so ist das Volk hier nicht ein mythischer Begriff, sondern man darf es sich ganz nüchtern als das zusammengefasste Interesse der Allgemeinheit vorstellen. Das ist jedoch kein Plädoyer dafür, Urteile künftig »im Namen der Allgemeinheit« zu verkünden, oder womög-

lich »im Namen der Bevölkerung«, wie es nach dem Geschmack mancher Zeitgenossen wäre. Das Wesentliche
ist, dass Urteile nicht im Namen Gottes ergehen. Das
wäre etwas, was dem Menschen nicht zusteht, denn die
Justiz ist von Menschen gemacht und für Menschen da,
sonst für niemand.

Die Wahrheit als solche ist kein Rechtsgut, wohl aber
beispielsweise das Vermögen eines Menschen (wie bei der
Lüge im Fall eines Betrugs) oder die Unversehrtheit seines
Rufs und seiner Ehre (bei übler Nachrede oder Verleumdung). Seit den verschiedenen Strafrechtsreformgesetzen
(1969/73) ist nicht einmal mehr die Sexualmoral ein geschütztes Rechtsgut. Geschützt ist nur noch die »sexuelle
Selbstbestimmung«. Man kann diesen Umstand so zusammenfassen: Moralische Begriffe und Werte wie Wahrheit, Mut, Liebe, Treue, Aufrichtigkeit usw. sind keine
Werte im Sinn unserer Rechtsordnung, sie lassen sich
nicht fassen und konkretisieren. Anders ist es mit Begriffen wie Leben, körperliche Unversehrtheit, Ehe und Familie, Eigentum, Vermögen, Funktion der Gerichte usw.
Die Moral umfasst im menschlichen Zusammenleben einen anderen Bereich als die gesetzlich geschützten Rechtsgüter, wobei allerdings weite Bereiche sich überlagern. Es
gibt also drei Bereiche:

1. Der von Moral und Rechtsordnung gleichermaßen geschützte Bereich, z.B. Betrug. Es ist unmoralisch, einen
anderen zu betrügen, und es ist strafbar.

2. Der nur von der Moral besetzte Bereich, z.B. die Wahrheit als solche. Es ist unmoralisch, einen anderen zu
belügen. Strafbar ist das aber nicht, es sei denn, es werde
damit auch ein Rechtsgut verletzt, wie z.B. das Vermögen eines Anderen.

3. Der nur von der Rechtsordnung, nicht aber auch von
der Moral geschützte Bereich. Die Frage nach ihm ist

die heikelste, denn hier gehen die Auffassungen oft auseinander. Kann oder darf es denn überhaupt eine Moral gegen die Rechtsordnung geben? Inwieweit handelt ein Mensch unmoralisch, der seinen bei ihm Schutz suchenden Freund uneigennützig vor der Polizei versteckt? Er macht sich zwar strafbar, wird aber vermutlich von den meisten deswegen nicht moralisch verurteilt werden. Hierher gehören auch Fälle wie die Tötung eines schwerst leidenden Menschen auf Verlangen oder die Asylgewährung für Menschen, die abgeschoben werden sollen. Die reine Nächstenliebe ist kein geschütztes Rechtsgut, wohl aber die Funktion der Strafverfolgung. Hier kann es moralische Konflikte geben.

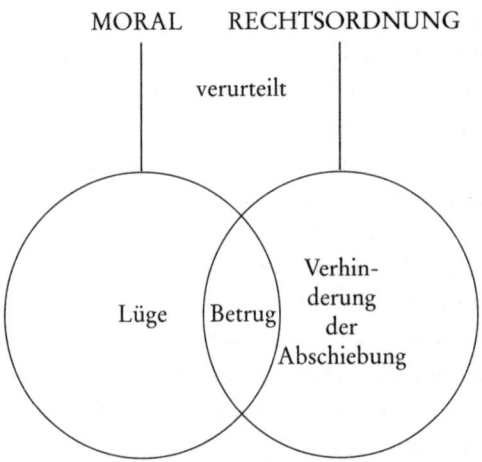

Beispiel für die unterschiedliche Erfassung von Unrecht durch Moral und Rechtsordnung

II. Die Menschenwürde

Im Artikel 1 des Grundgesetzes für die Bundesrepublik Deutschland von 1949 wird die Grundlage aller weiteren Verfassungsbestimmungen und der auf sie gründenden Gesetze deutlich ausgesprochen: »Die Würde des Menschen ist unantastbar, sie zu achten und zu schützen ist Verpflichtung aller staatlichen Gewalt.« Menschenwürde ist nicht nur eine nationale Angelegenheit, sondern eine der gesamten Menschheit. Dies kommt in der UN-Deklaration zur Menschenwürde zum Ausdruck. Sie beginnt mit folgenden Worten: »Alle Menschen sind frei und gleich an Würde und Recht geboren.«

Das Grundgesetz belässt es jedoch nicht bei allgemeinen ethischen Grundsätzen, sondern bringt sie so konkret wie möglich zum Ausdruck, zunächst im Grundrechtskatalog, beginnend mit der Gleichheit aller vor dem Gesetz. Soweit Rechte nicht im Grundgesetz selbst enthalten sein können, werden sie durch Gesetze konkretisiert. Dabei geht man davon aus, dass Verfassungs- und Gesetzgeber alles, was es hier zu beachten gilt, auch geregelt haben. Doch wird die Sache einigermaßen problematisch. Artikel 2 beginnt mit den Worten: »Jeder hat das Recht auf freie Entfaltung seiner Persönlichkeit ...« Bliebe es dabei, dann wäre das ein Freibrief für alle, zu tun und zu lassen, was sie gerade mögen.

Darum folgt eine dreifache Einschränkung: »... soweit er nicht die Rechte anderer verletzt und nicht gegen die verfassungsmäßige Ordnung oder das Sittengesetz verstößt«. Diese Formulierung gibt ein Rätsel auf. Die Rechte anderer und die verfassungsmäßige Ordnung schränken nur insoweit ein, als sie gesetzlich fixiert sind. Aber wo bleibt das »Sittengesetz«? Sollen nun durch diese Hintertür doch wieder abstrakte Moralbegriffe jenseits formulierbarer Rechtsgüter geschützt werden, oder handelt es sich hier um ein gut gemeintes, aber rechtlich irrelevantes Bekenntnis zur Moral? Der Hinweis auf die guten Sitten im Grundgesetz kann so verstanden werden: Es soll niemand kommen und behaupten, sein Verhalten sei moralisch schon deshalb gerechtfertigt, weil es in der Rechtsordnung nicht ausdrücklich verboten ist. Zwar kann er rechtlich an seinem Verhalten insoweit nicht gehindert werden, aber das sagt noch nicht, dass er moralisch im Recht ist. Moral ist immer im Fluss. Sie ist ein Fluss mit unzähligen Nebenarmen und Rinnsalen, und es wäre eine vergebliche Mühe, ihn vollkommen in ein gesetzliches Bett zu zwängen. Das Recht kann immer nur ein ethisches Minimum fordern. Es gibt immer einen Freiraum, in dem Menschen ungestraft Schurken sein können; sie bleiben es auch dann, wenn sie kein Gesetz verletzen.

III. Das Recht hinkt hinterher

Die Moral geht unhörbar auf leisen Schritten voraus, so lange, bis man eines Tages gewahr wird, dass das Recht weit zurückgeblieben ist. Dann muss es geändert werden. Man kann sagen, das Recht hinkt hinterher. Diese Phasenverzögerung ist gut, weil nicht jeder Forderung nach Rechtsänderung nachgegeben werden darf. Darunter würde die Rechtssicherheit leiden. Wie sich das Recht an Moralvorstellungen, die sich zuvor schon geändert hatten, anpasst, das soll hier an drei Beispielen gezeigt werden.

1. In den Jahren 1969 bis 1975, und auch später noch, wurde das deutsche Strafgesetzbuch in mehreren Schritten grundlegend reformiert. Dabei ging es vor allem darum, das damals einhundert Jahre alte Strafgesetzbuch aus der Wilhelminischen Zeit, in der noch völlig andere Moralvorstellungen gegolten hatten, der

gewandelten Alltagsmoral anzupassen. Unter Strafe gestellt waren im Namen der Sittlichkeit seit 1871 u. a.: Eheerschleichung, Ehebruch (auf Antrag, falls die Ehe wegen ihm geschieden wurde), Kuppelei, Homosexualität, Unzucht mit Tieren. Jetzt ist die Sittlichkeit als Rechtsgut aus dem Strafrecht verschwunden, statt dessen wurde die »sexuelle Selbstbestimmung« als Rechtsgut geregelt. Auch hier gilt jetzt der Grundsatz: Die Moral mag dem friedlichen Zusammenleben der Menschen untereinander dienen, darüber hinaus ist sie jedoch kein durch Gesetze schützenswertes Rechtsgut. Eine im Volk vorherrschende Sittlichkeit im Sinn des alten Strafgesetzes war einer anderen Art von Sittlichkeit gewichen, die später zu neuen Regeln über Kinderpornographie, Sextourismus etc. führen musste.

2. Das andere Beispiel bezieht sich auf den Tierschutz. Das Tier gilt im bürgerlichen Recht als »Sache«, es hat keinerlei eigenen Rechte, der Eigentümer konnte mit ihm daher nach Belieben verfahren. Unter dem Eindruck einer sich wandelnden Sittlichkeit wurde es erforderlich, Tierquälerei unter Strafe zu stellen; sie sollte nicht nur »unmoralisch«, sondern auch strafbar sein. Aber wie konnte man da ein schützenswertes Rechtsgut formulieren? Das war keine leichte Aufgabe für die Juristen. Das Tierschutzgesetz von 1972 beginnt so: »Zweck dieses Gesetzes ist es, aus der Verantwortung des Menschen für das Tier als Mitgeschöpf dessen Leben und Wohlbefinden zu schützen. Niemand darf einem Tier ohne vernünftigen Grund Schmerzen, Leiden oder Schäden zufügen.« Damit nicht genug, in § 17 enthält dieses Gesetz eine Strafbestimmung: »Mit Freiheitsstrafe bis zu drei Jahren oder mit Geldstrafe wird bestraft, wer 1. ein Wirbeltier ohne vernünftigen Grund tötet, oder 2. einem Wirbeltier a) aus Roheit erhebliche Schmerzen oder Leiden oder b) länger anhaltende oder

sich wiederholende erhebliche Schmerzen oder Leiden zufügt.«

Ob dieses Gesetz genügend beachtet wurde und wird, ist sehr fraglich, denn Massentierhaltung und Transporte lebender Schlachttiere auf den Autobahnen kreuz und quer durch Europa – bei rechter Betrachtung »ohne vernünftigen Grund« – sind immer noch üblich. Dass so behandelten Tieren nicht Leid und Schmerzen zugefügt würden, kann niemand behaupten. Offensichtlich hat sich hier die Strafjustiz als wirkungsarm oder wirkungslos erwiesen.

3. Das dritte Beispiel betrifft den Umweltschutz. Bei der Formulierung des Grundgesetzes 1948/49 war dieser noch kein Thema. Das »Sittengesetz« eilte der Verfassung voraus, sodass in diese ein neuer Artikel 20a eingefügt werden musste: »Der Staat schützt auch in Verantwortung für die künftigen Generationen die natürlichen Lebensgrundlagen im Rahmen der verfassungsmäßigen Ordnung durch die Gesetzgebung und nach Maßgabe von Gesetz und Recht durch die vollziehende Gewalt und die Rechtsprechung.«

Wie die drei Beispiele zeigen, können Verfassung und Recht immer nur ein Spiegel der Wertvorstellungen sein, die zur Zeit ihrer Formulierung geherrscht haben, und eine Gesellschaft, die nicht verknöchern will, muss ihr Recht ständig fortschreiben, um es den geänderten gesellschaftlichen Grundauffassungen anzupassen. Aber die Moral ist gegenüber dem Gesetz immer das weitere Feld. Moral kann sich nie auf die Gesetze beschränken. Dabei ist immer wieder zu beachten: Wer sich an die Gesetze hält, hat damit noch nicht automatisch einen Freibrief, der ihn vor moralischer Verurteilung schützt. Der nicht mehr strafbare Ehebruch wird nicht automatisch zur moralischen Angelegenheit. Es gibt Pflichten gegenüber den Mitmenschen, die kein Gesetz beschreiben kann und darf.

IV. Thesen

1. Die Menschenwürde ist das oberste Rechtsgut. Sie hat Vorrang gegenüber staatlichen Interessen.
2. Der Staat kann nicht alle moralischen Werte schützen. Rechtsordnung und Sittengesetz umfassen teilweise unterschiedliche Bereiche.
3. Der Staat kann von seinen Bürgern nur ein ethisches Minimum verlangen. Daher ist zwischen geschützten Rechtsgütern (z. B. Vermögen) und moralischen Werten (z. B. Wahrheit) zu unterscheiden.
4. Wer sich an die Rechtsordnung hält, kann allein dadurch seiner moralischen Verantwortung gegenüber den Mitmenschen noch nicht genügen.
5. Die Rechtsordnung muss sich zumindest in wichtigen Teilbereichen (z. B. Sexualmoral, Tierschutz, Umweltschutz) der sich wandelnden Moral durch neue oder geänderte Gesetze anpassen.

IV. Bewertung

+ Eine gut geregelte und funktionierende Rechtsordnung fördert das friedliche Zusammenleben innerhalb eines Staates. Ohne sie herrschten Chaos und Anarchie.

Im Rechtsstaat sind Menschen nicht nur vor staatlicher Willkür, sondern auch vor Selbstjustiz geschützt.

— Auch ein Rechtsstaat kann die Moral nicht garantieren. Sie liegt auf einer anderen Ebene.

Es besteht die Gefahr, dass jedes nicht strafbare Handeln allein deshalb, weil es nicht strafbar ist, für moralisch gehalten wird.

Das vierzehnte Modell:
Der Existenzialismus

Ethischer Imperativ: Sei ein Mensch!

I. Die herrenlose Welt

Ein Mensch kämpft für das Gute, aber die Welt wird nicht besser. Es ist ein vergeblicher Kampf, niemand hilft ihm, kein Gott und kein glücklicher Zufall. Die Hoffnung auf eine bessere Welt ist vergangen. Soll der Mensch in Verzweiflung resignieren? Albert Camus (1913–1956) setzte dieser moralischen Not ein großes »Nein« entgegen. Er erinnerte an Sisyphos, den die Götter dazu verurteilt hatten, einen Stein den Berg hinauf zu wälzen, der jedesmal, wenn er oben war, wieder nach unten rollte. In seinem Werk »Der Mythos von Sisyphos« schrieb er folgende Sätze: »Auch er findet das alles gut. Dieses Universum, das nun keinen Herrn mehr kennt, kommt ihm weder unfruchtbar noch wertlos vor. (…) Der Kampf gegen den Gipfel vermag ein Menschenherz auszufüllen. Wir müssen uns Sisyphos als einen glücklichen Menschen vorstellen.« Glück in der erfolglosen Pflichterfüllung?

Albert Camus war Schriftsteller und nicht Professor für Moralphilosophie, jedoch in seinen Romanen, Novellen und Dramen sowie in seinen essayistischen Schriften hat er eine Grundhaltung aufgezeichnet, aus der sich eine ethische Lebenseinstellung herleiten lässt, die weit über seine Zeit hinausreicht. Als er 1957 den Nobelpreis für Literatur erhielt, war man sich bewusst, einen Moralisten auszuzeichnen, dessen Moral aus einem ganz neuen, bisher noch nicht so eindringlich beschriebenen Grund

schöpfte. Während die Moral der Bibel auf die Verantwortung des Menschen gegenüber Gott, dem höchsten
Wesen, dem Weltbeherrscher, gründet, muss sich der von
Camus geschilderte Mensch als der einsame Held vor-
kommen, der dazu verurteilt ist, in einer absurden, her-
renlosen Welt sein Glück zu suchen. Diese Einstellung
hatte eine lange Vorgeschichte. In ihrem Verlauf begegnen
wir einer so schwierigen Persönlichkeit wie Sören Kierkegaard (1813–1855). Dieser fühlte sich im Gegensatz zu
Camus zwar noch Gott gegenüber verantwortlich, aber
nicht mehr gebunden an Kult und festgelegte Lehren. Er
sah in sich immer den einzelnen, von der Welt verlassenen
Kämpfer, der alles mit sich selbst ausmachen musste. Darüber schrieb er in seinen umfangreichen und unübersicht-
lichen Werken immer wieder. »Welche Verantwortung ich
trage, versteht niemand so gut wie ich selber; niemand
bemühe sich daher, mich zu erschrecken, denn vor dem,
der ganz anders erschrecken kann, stehe ich in Furcht und
Zittern. Aber nur wenige verstehen auch wie ich, dass man
das Christentum in der Christenheit abgeschafft hat.«
Während nun aber Kierkegaard noch über diese Abschaffung trauert und sich selbst als den einzelnen, den heimlich tätigen Spion Gottes sieht, geht der Existenzialismus
des 20. Jahrhunderts weit darüber hinaus. Kierkegaard litt
zeitlebens unter der Absurdität, dass man als wirklicher
Christ nur in der Opposition zu den angeblichen Christen, den Gleichgültigen und Angepassten, leben kann. Camus drehte den Spieß herum: Die Absurdität des Lebens
ist kein Grund zum Leiden; im Gegenteil, sie ist die Wirklichkeit des Lebens. Man kann und muss mit ihr leben wie
ein Held, der sein vergebliches Werk immer wieder von
Neuem versucht, wissend, dass es nie zum Erfolg führen
wird. Der Kampf mit dem herunterrollenden Stein ist Leben, Leiden und Erfüllung zugleich.

Im Roman »Die Pest« (1947) führt Dr. Rieux in der

nordafrikanischen Stadt Oran einen verzweifelten, fast aussichtslosen Kampf gegen die Pest, Sinnbild des Bösen. In einem Gespräch sagt er:

»Es handelt sich nicht um Heldentum in dieser ganzen Sache. Es handelt sich um Ehrlichkeit. Diese Idee kann lächerlich wirken, aber die einzige Art, gegen die Pest zu kämpfen, ist die Ehrlichkeit.

– Was ist Ehrlichkeit? fragte Rambert mit unvermittelt ernstem Gesicht.

– Ich weiß nicht, was sie im allgemeinen ist. Aber in meinem Beruf weiß ich, dass sie darin besteht, dass ich meinen Beruf ausübe.«

Das ist schon fast alles. Es gibt keine Rezepte, keine Definitionen und vor allem keinen formulierbaren Verhaltenscodex für die Moral. Rieux weiß in dieser Frage nur das eine, als Arzt muss man für die Kranken sorgen, auch wenn man sein eigenes Leben dabei in Gefahr bringt. Wie das geschieht, das lehrt er nicht, sondern er zeigt es. Noch einmal kommentiert er seine Haltung: »Ich glaube, dass ich am Heldentum und an der Heiligkeit keinen Geschmack finde. Was mich interessiert, ist, ein Mensch zu sein.«

II. Die Freiheit der anderen

Kein Heldentum, keine Heiligkeit, keine Belohnung soll der Mensch anstreben, sondern einfach nur sein Leben als der Mensch, der er ist. Hier gibt es dennoch gewaltige Unterschiede auch innerhalb der Denker im Umfeld des Existenzialismus. In seinem Werk »Das Sein und das Nichts« (1943) hat Jean Paul Sartre diese Grundlage der menschlichen Existenz einmal so charakterisiert: »Ich aber bin Ich, für mich selbst unerreichbar und dennoch ich selbst, hingeworfen in die Tiefe der Freiheit anderer und dort im Stiche gelassen.« Während sich Camus noch zu Ehrlichkeit, Liebe, Hilfsbereitschaft und Pflicht gegen Andere bekennt, bleibt die Freiheit der Anderen bei Sartre ohne positive Reaktion auf den, der ihr ausgeliefert ist. Hier könnte man versucht sein zu sagen: Bei Sartre ist der Mensch noch »alleiner« als bei Camus. Bei Camus hat der allein gelassene Mensch in der absurden Welt noch eine Hoffnung. Er bleibt sich seiner Existenz verpflichtet und kann versuchen, wie Sisyphos ein glücklicher Mensch zu werden. Sisyphos (oder der Pestarzt Dr. Rieux) kennt und akzeptiert sein Schicksal, weil er nur so seinen Weg finden kann.

In jeder Ethik muss auch versucht werden, zu klären, was geschieht, wenn man gegen ihre Grundhaltung verstößt. Während der religiöse Mensch von Sünde und Buße, oder wie Kierkegaard von Furcht und Zittern vor der jenseitigen Verantwortung spricht, kommen für den modernen existenzialistischen Denker solche Begriffe nicht in Betracht. Dennoch bleibt die Frage: Wie kann der Mensch ertragen, seine Existenz verkannt zu haben und an ihr gescheitert zu sein, wenn er sich eingestehen muss: Ich habe mich nicht bemüht? Ein Zittern vor einer richtenden Hand aus dem Jenseits gibt es für ihn nicht. Und doch muss der Mensch mit einer Schuld leben, auch wenn sie ihm nicht von anderen vorgeworfen wird. Was ihm bleibt, das kann z. B. die Flucht in die zynische Selbstanklage sein, wie sie Camus in seinem letzten vollendeten Roman »Der Fall« (1956) darstellt. »Da es unmöglich war, die anderen zu verurteilen, ohne sich selbst gleich mitzurichten, musste man sich selbst mit Anklagen überhäufen, um das Recht zu erlangen, die anderen zu richten. Da jeder Richter eines Tages zum Büßer wird, musste man einfach den umgekehrten Weg eingehen und den Beruf des Büßers ergreifen, um eines Tages Richter werden zu können.« Der so redende Selbstankläger hatte in seinem Leben die Chance verpasst, ein Mädchen aus dem Wasser zu retten. Am Ende sagt er in einem fiktiven Gespräch: »O Mädchen, stürze dich nochmals ins Wasser, damit ich ein zweites Mal Gelegenheit habe, uns beide zu retten!« – »Ein zweites Mal, ha! Welch ein Leichtsinn! Stellen Sie sich doch vor, lieber Herr Kollege, man nähme uns beim Wort. Dann müssten wir ja springen! Brr, das Wasser ist so kalt! Aber keine Bange, jetzt ist es zu spät, es wird immer zu spät sein. Zum Glück.«

Camus, der sich auf Erlösung nach dem Tod nicht einlassen will, macht es sich nicht leicht, seine Ethik aus dem irdischen Leben allein herzuleiten. Er versucht, im Absurden das Sinnvolle zu sehen. »Es gibt aber nur eine Welt. Glück und Absurdität entstammen ein und derselben Erde. Sie sind untrennbar miteinander verbunden.« (Sisyphos) Dieser Satz, der selbst absurd ist, kann ein Weg zu neuem Verständnis der eigenen Existenz sein. Und diese Erkenntnis könnte als Grundlage einer neuen Ethik dienen.

III. Thesen

1. Du bist für dich selbst verantwortlich.
2. Dein Selbst, deine Freiheit musst du dir erkämpfen. Du lebst in einer Revolte gegen die dich einengenden Zwänge.
3. Du musst für das Wohlergehen deiner Mitmenschen kämpfen. Aber erwarte keinen Erfolg und keine Anerkennung.
4. Erkenne an, dass die Welt absurd ist, dass du sie nicht bessern kannst. Auch wenn dein Kampf für das Gute kein Ziel und kein Ende hat, wage ihn dennoch.
5. Dein Glück und dein Lohn bestehen darin, dass du dir selbst treu bleiben kannst, auch wenn du weißt, wie wenig du damit erreichen wirst.

6. Versäumst du die Verantwortung für dich, bleibt dir nur noch das verzweifelte Gefühl, dich mit anderen vergleichen zu müssen, die es auch nicht geschafft haben.

IV. Bewertung

+ Der Existenzialismus verschafft dem Menschen das Gefühl der Befreiung zur Selbstverantwortlichkeit.

Die von Albert Camus teils ausdrücklich, teils indirekt vertretene Ethik kann auch Menschen ohne religiöse Bindung vermittelt werden.

Das Sisyphos-Prinzip, das darin besteht, Zufriedenheit auch in der erfolglosen Arbeit zu finden, kann Verzweifelte ermutigen.

— Eine Ethik ohne metaphysischen Bezug stößt immer wieder an Grenzen, weil der Mensch ein Gegenüber für seine Verantwortung außerhalb seiner selbst sucht.

Das Gefühl, nur sich selbst gegenüber verantwortlich zu sein, kann zu extremem, die Gesellschaft schädigenden Verhalten führen.

Das fünfzehnte Modell:
Darwin und die Lehren der Biologie

Ethischer Imperativ: Erkenne, wo du dich dem
Befehl deines Körpers beugen und wo du dich ihm
widersetzen musst!

I. Darwins These von der Zuchtwahl

Ein wegen Vergewaltigung Angeklagter verteidigt sich
vor Gericht damit, er habe seinen Instinkt nicht beherr-
schen können. Beim Tier sei das doch etwas ganz Natürli-
ches. Stimmt! Aber inwieweit kann sich der Mensch darauf berufen, wie ein Tier handeln zu dürfen? Das ist eine
Grundfrage der Ethik.

Als Charles Darwin 1859 sein Werk »Die Entstehung
der Arten durch natürliche Zuchtwahl« veröffentlichte,
ahnte er wohl nicht, dass er damit eine der größten Denk-
revolutionen der Menschheitsgeschichte auslöste. Darwin
selbst formulierte die Grundlage des natürlichen Verhaltens im Interesse der Zuchtwahl: »Der Kampf ums Dasein
ist die notwendige Folge des stark entwickelten Strebens
aller Lebewesen, sich zu vermehren.« Die bestangepassten
Arten können überleben (survival of the fittest), die weniger angepassten werden verdrängt oder sterben aus. Kurz
gesagt: Kämpfen, Überleben und sich Vermehren, das eint
die Natur. Und der Mensch? Hat er in diesem Spiel der
Natur eine Sonderstellung? Die logische Folgerung für
den Menschen wagte Darwin erst zwölf Jahre später in
seinem Werk »Die Abstammung des Menschen und die
geschlechtliche Zuchtwahl« (1871). Der Mensch, der bis
dahin als Produkt einer einmaligen göttlichen Schöpfung
gegolten hatte, der an göttliche, nicht aber aus der Natur
stammende Gebote gebunden war, wurde auf einmal ein

Wesen, das aus einem Milliarden Jahre währenden natürlichen Entwicklungsablauf hervorging, der noch längst nicht abgeschlossen ist. Aus der Krone der Schöpfung wurde über Nacht ein Tierabkömmling. Das hatte Folgen nicht nur für die weitere naturwissenschaftliche Forschung, sondern vor allem auch für die Ethik. Sieht man den Menschen nämlich als eine Art Tier, das zumindest einen tierischen Stammbaum hat, dann muss auch seine Moral etwas mit dieser Herkunft zu tun haben. Der Mensch wird, wie Buchtitel des Amerikaners Desmond Morris behaupten, zum »nackten Affen« (1968) und zum Bewohner des »Menschen-Zoos« (1969). So gesehen ist es doch ganz natürlich, wenn der Mensch im Grunde nichts anderes im Sinn hat als Selbsterhaltung und Arterhaltung, oder, etwas einfacher gesagt: Essen und Sex. Dass der Mensch von einem affenartigen Wesen abstammen sollte, erregte Generationen lang die Gemüter. Wichtiger wäre statt dessen die Frage gewesen: Ist er denn ein Affe geblieben?

II. Vier biologische Lehren

Vier verschiedene, mehr oder weniger kontroverse Thesen zu diesem Thema sollen im Folgenden als Beispiele dargestellt und erörtert werden:

1. Der Mensch ist ein Tier, das sich einbildet, keines zu sein.

Nicht nur die körperliche Struktur, sondern auch die Grundlagen des menschlichen Verhaltens stammen aus der Evolution, die vom Urschleim zum Menschen geführt hat. »Tiere und Menschen sind mit abrufbaren Verhaltensprogrammen ausgerüstet. (...) Tiere reagieren ferner auf bestimmte Reizsituationen in arterhaltend sinnvoller Weise, ohne das erst lernen zu müssen, was besondere datenverarbeitende Mechanismen erfordert.« Nüchterner und mechanistischer als der hier zitierte Konrad Lorenz kann man die Grundlage unseres Verhaltens, inklusive unserer Ethik, nicht formulieren. Nicht nur das Tier, sondern auch der Mensch wird, so verstanden, zu nichts Anderem als zu einem komplizierten Reiz-Reaktions-Automaten. Lorenz als Anhänger der so genannten »evolutionären Erkenntnislehre« hat in seinem Buch »Die Rückseite des Spiegels« (1973) sein Credo so formuliert: »Für den Naturforscher ist der Mensch ein Lebewesen, das seine Eigenschaften und Leistungen, einschließlich seiner hohen Fähigkeiten der Erkenntnis, der Evolution verdankt.« Das heißt nichts Anderes, als dass wir nur das erkennen können, was wir brauchen, um in einer rauhen Welt voller konkurrierender Mächte als Individuum und als Art zu überleben. Für irgendwelche Luxuserkenntnisse sind wir nicht ausgerüstet. Ist dann der göttliche Funke einem Zufallsgenerator gewichen? Wie kommt es, dass aus einem Volk ein Dante, ein Shakespeare oder ein Bach hervorwachsen, ohne dass man biologisch darlegen könnte, inwieweit sich ein solches Volk besser vermehren kann als andere Völker? Vielleicht kann man annehmen, dass das Erkennen solcher geistigen Werte für das akademische Überleben eines Biologen nicht erforderlich ist.

Die Evolution, die nach unserem Geschichtsverständnis langsam fortschreitet, ist für den Menschen seit vielen Tausenden Jahren scheinbar abgeschlossen bzw. nur unmerklich weiter geschritten. Ein Steinzeitmensch, der in unsere Gegenwart verfrachtet wird, findet mit seinem Kopf raschen Anschluss an das technische Zeitalter nach der Devise: Der Opa war noch ein Jäger und Sammler im Busch, der Vater ist Taxifahrer, und der Sohn ist ein Spezialist, der den Deutschen beibringen könnte, wie man mit dem Computer richtig umgeht, ohne gleich die Nerven zu verlieren. Belege für eine solche Anpassung gab es genügend, z. B. in Australien. Das ungelöste Problem besteht aber nach wie vor in den vielen Tausend Jahren, die Menschen in anderen Kulturen gebraucht haben, um zur modernen Zivilisation und zum durchregulierten Rechtsstaat zu finden. Die nachträgliche Überwindbarkeit des Zeitensprungs zählt da wenig. Die wichtigste Erkenntnis für uns besteht darin: Die geistige Evolution hat sich von der biologischen gelöst. Anders gesagt: Außerhalb der Biologie ist mit dem menschlichen Denken und Erkennen im Lauf der Geschichte noch einiges passiert. Aber stammt nicht unsere Ethik zu einem großen Teil von unseren Vorfahren aus dem Tierreich?

Aufschlussreich in dieser Hinsicht ist Wolfgang Wicklers Buch »Die Biologie der Zehn Gebote«. Dass Tiere »Eigentumsverletzungen«, z. B. das Betreten ihres Reviers durch Rivalen, nicht dulden, und dass dies von den Rivalen, etwa nach einem Kampf, auch respektiert wird, ist bekannt. Dass es bei ihnen Treue, Brutpflege, Tötungstabus, Gruppenzusammenhalt, Gehorsam, ja sogar eine rudimentäre Gerechtigkeit gibt, ließe sich nachweisen, von der »Affenliebe« ganz zu schweigen. Es stellt sich so die Frage, inwieweit auch die entsprechenden menschlichen Verhaltensnormen auf die Evolution zurückgeführt werden können. Für Wickler ist dies eine Selbstverständlichkeit, an der er keinen Zweifel lässt. Die mosaischen Zehn Gebote und auch die ihnen weitgehend entsprechenden Moralgesetze anderer Völker haben evolutionäre Wurzeln. Der Mensch aber hat sich im Lauf der Evolution weit über das Tier hinaus entwickelt. »Das Tier muss, der Mensch kann richtig handeln.« (Wickler) Für den Menschen entscheidend ist »die Nutzanwendung dessen, was er weiß; die immer wiederholte Anstrengung, sich selbst und sein Verhalten zu beurteilen«. Wickler schließt zwar von der Ethik auf deren biologische Wurzeln, aber er verneint ausdrücklich den umgekehrten Schluss. »Hinter der Erwartung, mit Verhaltensforschung etwas auf den Menschen Anwendbares herauszufinden, steckt dann doch der Versuch, die vom Instinkt geleiteten Lebewesen möchten sich so verhalten, wie es die moralischen Gesetze dem Menschen vorschreiben.« Der Mensch braucht nicht zu befürchten, sich angesichts »vorbildlicher« Tiere schämen zu müssen. Daher gelten für Wickler moralische Wertmaßstäbe nur für Menschen. Das Böse ist kein biologischer Begriff. Die mit naturwissenschaftlichen Methoden gewonnenen Erkenntnisse bleiben stets in der Biologie und somit diesseits von Gut und Böse. Man kann Wicklers Thesen so zusammenfassen: Die Biologie erklärt uns manches über die Herkunft der Moral, aber sie moralisiert nicht.

Es ist bekannt, dass ein Mensch vor dem Strafrichter keine Chancen hat, wenn ihm zur Verteidigung nichts Anderes einfällt, als sich auf seine Instinkte zu berufen. Sähe man den einzelnen Menschen nur im Lichte der Biologie, verlöre er seine Schuldfähigkeit, und die Strafrichter müssten nach Hause geschickt werden.

2. Der Trick der Gene

Trotz der teilweise auch von Biologen noch vertretenen Rücksicht auf das »Humanum« des Menschen gibt es Biologen, die noch weiter gehen. R. Dawkins (»Das egoistische Gen«, 1978) und E.O. Wilson (»Biologie als Schicksal«, 1979) vertreten die Theorie, wonach das Gen »sein« Lebewesen als Gefährt in die nächste Generation benützt. Nicht das ganze Lebewesen kämpft sich durch die Evolution, sondern seine Gene führen gewissermaßen ein Eigenleben und benützen das Lebewesen, das sie formen, als Sklaven im Dienst der Evolution. Sie entwickeln dafür eine »Schläue«, die man den meisten Tieren und Menschen nicht zutrauen würde. Der Mensch rackert sich ab, damit seine Gene in der nächsten Generation ankommen. Kann man das so sehen?

Verständlich wird diese auch für das moralische Verhalten grundsätzlich beachtenswerte Theorie auf der Grundlage des »Neo-Darwinismus«. Dieser geht davon aus, dass sämtliche Merkmale, Eigenschaften und Fähigkeiten eines Lebewesens, soweit sie nicht individuell erlernt wurden, genetisch bedingt sind. Weiterentwicklung wäre dann, so verstanden, nur durch Mutation, d. h. durch die zufällige Änderung eines Gens, möglich. Wenn eine Mutation dem Lebewesen, dessen Gen sich verändert hat, einen evolutionären Vorteil bringt, wenn es ihn besser an die Umwelt anpasst, dann können seine Nachkommen mit der Zeit alle die Lebewesen seiner Art verdrängen, die diesen Vorteil nicht besitzen. Ein Raubtier, das durch eine Genmutation (z. B. durch etwas längere Beine) in der Lage ist, schneller zu jagen als andere, kann überleben, und seine Nachkommen schnappen den langsameren Artgenossen alle Beute weg. Die Zukunft gehört dann also den Nachkommen des schnellfüßigen Exemplars. So einfach ist das! (In der Theorie!). Im Laufe eines Lebens erst erworbene Eigenschaften könnten nach dieser Lehre an nachfolgende Generationen mangels Fixierung in den Genen nicht weitervererbt, sondern allenfalls immer wieder neu gelernt werden. Alles Gelernte stirbt mit dem Kopf dessen ab, der es beherrscht. Konsequenterweise müsste sich dann auch das Moral-analoge Verhalten der Tiere, soweit es vererbt wird, durch eine Folge von nützlichen Genmutationen entwickelt haben nach dem Prinzip: fürsorglichere Brutpflege, mehr überlebende Junge, bessere Überlebenschance der Art. Also: Genetisch programmierte Moral zahlt sich aus.

Diese neodarwinistischen Hypothesen werden zunehmend angezweifelt, soweit man in ihnen den einzigen Grund für die Evolution sehen will. Was schafft der Zufall? So lautet die Frage der Gegner. Ihre Antwort: Überhaupt nichts. Ohne schöpferischen Geist wären weder Welt noch Natur entstanden, sondern wäre das Chaos geblieben. Alles Werdende braucht ein geistiges Vor-Bild, anhand dessen es sich aus dem Chaos lösen kann. So gesehen sind die »Zufälle« Auswirkungen des Logos, des schöpferischen Sinns, oder einer geistigen Struktur, die der Mensch nicht erkennen, geschweige denn entschlüsseln kann. Da diese Struktur nur in dem erkennbar ist, was schon entstanden ist, nicht aber in dem, was noch entstehen muss, wird sie von der Naturwissenschaft normalerweise dem blinden Zufall zugeschrieben und daher nicht beachtet. Der amerikanische Chemiker und Genetiker Robert Shapiro schilderte dieses Problem in seinem Buch »Schöpfung und Zufall« (1987): Bei der Berechnung, wie viele Zufallsversuche notwendig wären, um für den Beginn des irdischen Lebens funktionstüchtige Enzyme für ein Bakterium zu entwickeln, kommt er zum Ergebnis, dass das Alter des Universums dafür längst nicht ausreicht. Die Wahrscheinlichkeit des Ereignisses war nach einer Schätzung vergleichbar mit der Chance, dass »ein Tornado, der über einen Schrottplatz hinwegrast, aus den dort lagernden Materialien eine Boeing 747 zusammenbläst«. Man wird diese Gedanken auch bei der Betrachtung von vererblichen Moral-analogen Verhaltensweisen im Tierreich und dementsprechend beim Menschen berücksichtigen müssen. Wenn dieses irgend einen Sinn hat, muss dieser Sinn auf eine Weise aufgebaut worden sein, der sich über den blinden Zufall erhebt. Eine unendliche Summe von Unsinn ergibt noch keinen Sinn. Das Wesen der Theorien, die sich gegen den puren Neodarwinismus richten, könnte man so formulieren: Der Sinn ist die Ursache der Form, nicht der Zufall. Das gilt dann auch für die Moral. (Statt »Sinn« könnte man auch andere Begriffe versuchen: Geist, Logos, Schöpfer, generative Kraft, Tao, usw.) Solche Stimmen passen derzeit jedoch noch nicht in die oft mit fundamentalistischem Eifer vertretenen materialistischen Dogmen.

Schon seit vielen Generationen versuchen Menschen, der Schöpfung neue Geschöpfe außerhalb der Evolution hinzuzufügen. Dies geschah bisher schon durch intensive Züchtungsversuche bei Nutzpflanzen und Haustieren, z.B. bei Hunden, mit denen man so kleine und hilflose Pinscher »konstruieren« konnte, dass sie im Ernstfall jeder tüchtigen Ratte zum Opfer fallen würden. Heute braucht man zu solchen Eingriffen in die Evolution nicht mehr unbedingt einige Generationen abzuwarten. Das Erbgut lässt sich durch unmittelbare Eingriffe manipulieren. Die natürliche Evolution wird dann durch die wirtschaftliche ersetzt. Doch welche Verantwortung kann die Wirtschaft für den künstlichen Eingriff in natürliche Vorgänge übernehmen? Wäre es möglich, eines Tages den moralisch idealen Menschen in der Retorte zu zeugen? Wie sähe dieser dann aus, wenn seine Herstellung wirtschaftlich sein soll? Ist es etwa der unkritische Konsument, der »Genfood« und »Fastfood« erträgt, ohne nach einiger Zeit schon drei Zentner zu wiegen, und der sich dann immer noch ohne fremde Hilfe aus dem Fernsehsessel erheben kann?

3. Die Moral als gesellschaftliches Phänomen

Sieht man den Menschen als Individuum, als Einzelkämpfer im Sinn der Selbst- und Arterhaltung, dann muss ihm alles schwerfallen, was über seinen Bauch hinausgeht. Warum sollte er sich in den Dienst anderer stellen, wenn diese ihm zur Konkurrenz bei der Befriedigung des Nahrungs- und Paarungstriebs werden? Wozu Nächstenliebe, wenn die Eigenliebe nützlicher ist? Das führte einst zu der Annahme, alles, was der Mensch im Interesse der Gemeinschaft leiste, sei nur verstandesmäßig und gegen seinen inneren Antrieb gerichtet. Mit anderen Worten (frei nach Kant): Pflicht ist Überwindung des inneren Schweinehunds. Das Gute ist ihm abgetrotzt. Die Wirklichkeit sieht jedoch ganz anders aus: Es gibt auch mitmenschliche Triebe. Und daher kann es moralisch sein, sich gehen zu lassen, und böse, sich anzustrengen. Man kann Tiere und Menschen nicht als Einzelkämpfer ums Dasein beobachten und darstellen, denn das Individuum ist nicht überlebensfähig. Der einzelne Mensch ist verloren, wenn er der Natur ausgesetzt ist. Vielleicht kann er sich eine Zeit lang als Robinson auf der einsamen Insel am Leben erhalten, aber er kann sich nicht fortpflanzen. Der Mensch ist seit Anbeginn ein Herdentier; nur in der Gesellschaft einer Sippe, eines Stammes, einer Gemeinde, eines Volkes kann sein Verhalten gedeutet und moralisch beurteilt werden. Der Mensch entwickelte, wie Nietzsche sagt, seine »Herdentier-Moral«, deren Tendenz auf Stillstand und Erhaltung des Ist-Zustandes gerichtet ist. Ohne diese Konsolidierungsmoral gerät die »Herde« in Unordnung, löst sich auf, kann im Kampf gegen andere Herden nicht überleben. Friede innerhalb des Stamms ist Voraussetzung dafür, dass er sich nach außen durchsetzen und erhalten kann, daher muss der Gruppengeist zunächst dem Frieden im Dorf dienen.

Die Moral der Gruppe hat demnach das Ziel, der Gruppe das Überleben zu sichern, nicht nur dem Individuum. Es geht also vordergründig um den Erhalt der Gesellschaft. Die Gruppe überlebt durch Arbeitsteilung. Das beginnt innerhalb der Familie der Vorzeit: Der Mann geht zwar auf die Jagd, die Frau jedoch pflegt Kinder, Haus und Garten, dabei hatte sie in manchen (sesshaft gewordenen) Gesellschaften die dominierende Rolle inne. Aber die Mutter mit dem schreienden Säugling an der Brust taugt nicht für die Jagd, auch wenn man ihr, wie Diana, den Umgang mit Pfeil und Bogen beibringen könnte. Man brauchte die alte Generation zur Traditions- und Weisheitsvermittlung, auch die Alten konnten das Feuer hüten, wenn die Frau auf dem Feld war, sie mussten ernährt, gepflegt und geachtet werden, selbst wenn sie nicht mehr produzieren konnten. Im Sippenverband brauchte man die Arbeitsteilung, denn Spezialisierung gewährte Vorteile gegenüber denen, die alles für sich allein machen mussten. Nun geht dies aber noch einen Schritt weiter. Die Gruppe brauchte keine Einheitsmoral, im Gegenteil: Die moralische Mischung gewährt einen evolutionären Vorteil. Eine Gesellschaft aus lauter guten Menschen blüht nicht auf, sie ist zum Untergang verurteilt. Nur die Begegnung mit dem Bösen, mit Gefahr und Not macht den Menschen im Kampf ums Dasein überlebensfähig. Wer nie einen Lügner kennen gelernt hat, glaubt seinem Gegenüber alles. Wer nichts von einem Mörder weiß, achtet nicht auf das Messer, das sein Gegner in der Hand hält. Ein Stamm, in dem nicht auch intrigiert und geprügelt wird, erzieht seine Jugend zu Kampfunwilligen, er unterliegt beim ersten Überfall durch den Nachbarstamm. Auch die Spartaner lebten von dieser Erkenntnis. Wer nicht den Umgang mit dem Hunger gelernt hat, der hält sich für verloren, wenn die Kantine wegen eines Betriebsausflugs geschlossen ist. Ein Mensch, dessen Körper nie den Angriff schädlicher Bakterien erfahren hat, kippt bei der ersten Begegnung mit ihnen ins Jenseits.

Das Böse wird auf diese Weise nicht zum Guten, es bleibt böse. Aber es wird im wahrsten Sinn des Wortes zum notwendigen Übel. Den »idealen« Menschen gibt es nicht, es sei denn, man erkenne ihn als unselbstständigen Bestandteil einer nicht völlig homogenen Gruppe, in der es hilfsbereite und rücksichtslose Menschen gibt, in der man gelernt hat, zu genießen und zu hungern, zu warten und zu hasten, zu kämpfen und zu leiden, zu lieben und zu hassen, zu fordern und zu verzichten. Wie das einzelne Exemplar ausfällt, das ist für die Gruppe weniger wichtig als das Mischungsverhältnis. Das Böse wurde so ein Motor der Evolution.

Um herauszufinden, was einen Menschen tauglich macht, die Gruppenstabilität zu fördern, haben neuere Forschungen in verschiedenen Ländern gezeigt, dass es im Zusammenleben nicht nur auf das Verhalten ankommt, sondern auch auf Eigenschaften für die Art und Weise des Umgangs miteinander. Wenn Menschen befragt werden, welche Eigenschaften ihnen dabei besonders wichtig sind, ergeben sich immer wieder fünf »Tugenden«, die etwa so benannt werden könnten:

1. Gewissenhaftigkeit
2. Verträglichkeit
3. Kontaktfreudigkeit
4. Gefühlsausgeglichenheit
5. Aufgeschlossenheit gegenüber Neuem.

Natürlich besagen solche Eigenschaften noch nicht viel über das moralische Verhalten im Einzelfall. Entscheidend sind nicht nur gute Anlagen, sondern ist auch die Art und Weise, wie sie eingesetzt werden. Im Gegensatz zu diesen Ergebnissen braucht eine Gesellschaft einige sture, introvertierte Nörgler, Raufbolde, notorische Rechthaber und flatterhafte Luftikusse. Solche Typen dürfen natürlich nicht den Ton angeben, sie dienen jedoch den anderen als notwendiges Gefühlstraining.

Konnte man einst diese ethische Mischung auf den Stamm beziehen, wurde es später das Volk, dessen Überleben nur gesichert war, wenn es den Umgang mit dem Bösen gelernt hatte. Heute geht es nicht mehr um das Überleben eines Volkes, sondern um das der Weltgesellschaft. Deren Untergang wäre vorherzusehen, wenn es den Menschen nicht gelingen könnte, ihre unterschiedlichen Kräfte und Strömungen, ihre positiven und negativen Eigenschaften als Bestandteil eines großen Ganzen zu erkennen und zu nutzen. Es kann nie darum gehen, das Böse auszurotten oder gar zu verdrängen. Das wäre vermessen und nutzlos. Es wäre vielmehr Aufgabe einer ethischen Erneuerung, den Umgang mit dem Bösen weltweit auf eine neue, andere Grundlage zu stellen. Sieht man den Menschen als eine genetische Einheit, dann muss er lernen, mit und in dieser Einheit zu überleben, und nicht, sich auf die Rolle des abgesonderten Gutmenschen zu beschränken. Die Menschheit als großer Stamm kann lernen, eine der neuen Größe angemessene Stammesethik zu entwickeln. Was für den Stamm gut war, muss für die Weltgesellschaft noch lange nicht gut sein. In der Evolution hat es immer wieder eine »Wertwende« (Carsten Bresch) gegeben. Ein bisher richtiges Verhalten wird eines Tages schädlich. Die Werte müssen sich dem anpassen, auch dann, wenn sie nicht genetisch programmiert sind. Für den kleinen Stamm in der beinahe leeren Welt war es gut, wenn möglichst viele Kinder gezeugt wurden, für die heutige Weltgesellschaft nicht mehr. Für die (ur-)alten Römer mag es förderlich gewesen sein, die Mädchen des Nachbarstammes (der Sabiner) zu rauben und zu schwängern. In der Gegenwart wird man ein solches Verhalten – auch wenn es leider mancherorts noch aktuell ist – nicht mehr als rühmliche Tat in die Geschichtsbücher aufnehmen können.

4. Der Mensch ist mehr als seine Biologie

Die Erforschung der ethischen Grundlagen mit Hilfe der Biologie und der Verhaltensforschung ist aufschlussreich und nützlich, zumal man immer wieder fast resignierend feststellen muss, dass biologische Kräfte oft stärker den

Menschen bestimmen als moralische. Man kommt heute an solchen Erkenntnissen nicht mehr vorbei, und es wäre naiv, sie zu ignorieren. Damit ist aber nicht gesagt, dass man es bei naturwissenschaftlichen Betrachtungen bewenden lassen könnte. Wir durchleben in unserer Zeit bisher unbekannte Wandlungen (z. B. die globale Datenvernetzung), die so schnell vonstatten gehen, dass die langsame Evolution nicht mitkommt. Wir können nicht auf die biologische Anpassung warten, wir brauchen die geistige jetzt. Wer aber ausschließlich mit Hilfe der Evolutionsbiologie die geistige Entwicklung entschlüsseln will, der wird dem Menschen und seinen Problemen nicht gerecht. Die Menschen arbeiten seit Urzeiten mit Hilfe ihrer geistigen Ausrüstung daran, die Biologie zu überlisten und teilweise auch auszuschalten. Ein Kurzsichtiger als Jäger in grauer Vorzeit hätte nichts getroffen und wäre verhungert. Heute trägt er eine Brille und kann sich problemlos vermehren und seine Unvollkommenheit weitervererben. Aufgabe der Menschen ist es, ihr Wissen um die Natur und ihre teilweise Überlegenheit dafür zu nutzen, die Natur zu schützen und die natürlichen Bedürfnisse der Tiere zu respektieren. Eines könnte man aus der Biologie zumindest lernen: Der Mensch, der die Natur kaum achtet, sondern in erster Linie ausbeutet, um seinen eigenen Nutzen aus ihr zu ziehen, ist dabei, die ökologische Nische zu vernichten, der er sein Entstehen im Rahmen der Evolution verdankt.

Noch immer nicht überholt ist der schon erwähnte Mythos vom Sündenfall. Man könnte ihn in diesem Zusammenhang auch so deuten: Die Evolution (bzw. je nach Standpunkt: Gott) hat das Paradies erschaffen. Der Mensch muss es verlassen, weil er, und nur er, zur Sünde, zur Auflehnung gegen Gott und Natur fähig ist. Wer den Menschen nur als Geschöpf einer blinden Natur ansehen wollte, müsste ihm die Schuldfähigkeit und damit jede Freiheit absprechen. Mit einer solchen Annahme kämen wir jedoch in eine ethische Sackgasse. Der Mensch, der seit Evas Zeiten wissen will, was Gut und Böse ist, muss die Verantwortung für sein Handeln übernehmen. Er muss sich stellen, wem auch immer. Darauf gründet unsere Ethik.

III. Thesen

1. Die Wurzeln der menschlichen Moral stammen, ebenso wie das teilweise Moral-analoge Verhalten von Tieren, aus der Evolution.
2. Die naturwissenschaftliche Erforschung des menschlichen Verhaltens bringt wertvolle Aufschlüsse über dessen Geschichte im Rahmen der Evolution, sie kann auch Vorschläge für ein naturkonformes Verhalten des Menschen beisteuern, muss sich aber andererseits auch zu ihren Grenzen bekennen.
3. Der Mensch hat sich im Laufe der Geschichte immer weiter aus der Biologie entfernt. Im Gegensatz zum Tier kann er sich über biologische Gegebenheiten und Gebote hinwegsetzen. Dadurch wird er frei, verantwortlich und vor allem schuldfähig.
4. Menschen lebten seit Beginn ihrer Entstehung immer in Gesellschaft, von der Herde bis zum modernen Staat. Ihr Verhalten muss nicht nur individuell, sondern vor allem danach beurteilt werden, inwiefern es das Überleben der mit ihm zusammen Lebenden sichert. Gesellschaften aus lauter Gutmenschen sind nicht überlebensfähig. Die globale Gesellschaft fordert eine globale Ethik, die sich von der alten Stammesethik unterscheiden muss.
5. Das Menschsein beginnt mit dem Bestreben, Gut und Böse auseinander zu halten und sich dadurch vom schuldunfähigen Tier abzugrenzen.

6. Der mit Verstand und freiem Willen begabte Mensch kann aufgrund seiner eigenen Geistesgeschichte nichts unmittelbar aus dem Verhalten der Tiere lernen, es sei denn, dass er sich seiner Verantwortung bewusst wird, sie zu schützen und ihren Lebensraum und ihre natürlichen Bedürfnisse zu respektieren.

IV. Bewertung

+ Naturwissenschaftliche Forschung vermittelt wertvolle Aufschlüsse über die Herkunft ethischer Normen.

Vieles am menschlichen Verhalten wird verständlich, wenn man zur Kenntnis nimmt, dass der evolutionäre Stammbaum des Menschen ins Tierreich führt.

— Der Versuch, den Menschen und seine Erkenntnisfähigkeit auf seine Biologie zu reduzieren, ist unmenschlich.

Naturwissenschaftliche Methoden, die auf objektivierbare Ergebnisse zielen, eignen sich nicht für die Ausdeutung der ins Unendliche verzweigten geistigen Prozesse.

Das sechzehnte Modell:
Das Lob der Kauffreude – der moderne Massenhedonismus und das Glück

Ethischer Imperativ: Sei ein Genießer und lebe deine Lust aus!

I. Der Tempel der Begierden

1. In einer Tageszeitung war diese zweiseitige Anzeige zu genießen: »Lustkäufer: Hereinspaziert in den Tempel Eurer Begierden!« Mit ihr warb ein großes Fachgeschäft für Computer und Unterhaltungselektronik.

2. Für eine Kindersendung unter dem bezeichnenden Titel »Kinderquatsch« des Südwestrundfunks war der Schlagerstar Tony M. verpflichtet worden. M. hat seine Mitwirkung spontan abgesagt, weil er nicht bereit war, auf die Forderung der Sendeleitung einzugehen, in seinem für die Sendung vorgesehenen Lied eine Zeile zu ändern oder zu streichen. Diese lautete: »Wir wollen trinken, noch einen trinken, weil man die Sorgen dann vergisst«. – Es wird geschätzt, dass derzeit in Deutschland zehn Millionen Menschen ein Alkoholproblem haben, ein Drittel davon sind Frauen. Pro Kopf und Jahr werden über 10 Liter reiner Alkohol getrunken.

3. Jeder Dritte der Sechs- bis Achtjährigen in Deutschland sitzt bis zu 30 Stunden in der Woche vor dem Fernseher, jeder Fünfte hat erhebliches Übergewicht.

4. Zum Karneval nach Rio fahren, das kann sich nicht jeder leisten. Erschwinglicher ist eine Teilnahme an der Berliner »Love Parade«. Über eine Million Menschen sind dabei, wenn Dutzende von schweren Sattelschleppern mit Stars der »Szene« und mit alles in allem 1100 Kilowatt starken Lautsprechern für einen dröhnenden

Lärmteppich sorgen. Wem »Love« allein zu bieder ist, der kann zur gleichen Zeit an einer Alternativveranstaltung teilnehmen, die 3000 Technofans unter dem Titel »Fuck Parade« anzieht. Ein älterer Berliner meinte, seit den Aufmärschen unter Hitler habe er nichts mehr erlebt, was die Jugend so mitgerissen hätte. Da müsse es wohl im Menschen biologische Auslösemechanismen geben, die man je nachdem für Politik oder Kommerz in Gang setzen könne.

5. »Machen Sie Ihre erste Million, fangen Sie noch heute an, reich zu werden!« – So lautete die Überschrift eines Artikels in einem Verbrauchermagazin, das seine Leser u. a. auch über Chancen eines Börsengewinns berät. Der Chef einer Bank kommentierte das Verhalten seiner Kunden so: »Es regiert die Gier – und nichts anderes!«

6. Nach einer Studie des Hamburger BAT-Freizeit-Forschungsinstituts denken 77 Prozent der 14- bis 29-Jährigen, es mache keinen Spaß, sich gegenseitig zu helfen. Zwar sagt eine Befragung noch nicht viel über die tatsächlich im Einzelfall geübte Hilfsbereitschaft aus, immerhin hatten frühere Befragungen ein in dieser Hinsicht positiveres Ergebnis.

Das Gemeinsame an diesen Notizen ist leicht festzustellen. Es ist ein Blick auf die heute populäre Moral. Auch wenn diese nicht von allen geteilt wird, kann man sie doch wegen ihrer weiten Verbreitung als normal ansehen. Besteht dafür ein philosophischer Hintergrund? Es kommt nicht darauf an, dass eine moralische Praxis von Philosophen gelehrt wird, denn es gibt Grundeinstellungen, die sich auch gegen den Rat der Weisen behaupten können. Immerhin gibt es auch ein philosophisches Lustmodell, das allerdings bei näherer Betrachtung ganz anders aussieht. Eine Lebenseinstellung, die sich dem Streben nach Lust verschreibt, wird »Hedonismus« genannt, nach dem

griechischen Wort hedone – Lust, Genuss. Einer ihrer Ur-
väter soll der griechische Philosoph Aristippos von Ky-
rene gewesen sein. Möglicherweise war er ein (eigenwilli-
ger) Schüler von Sokrates. Was ihn auszeichnete, war
seine Unbekümmertheit, seine Nonchalance in allen gesellschaftlichen Angelegenheiten und vor allem sein offe-
nes Bekenntnis zu einem lustbetonten Leben. Wenn er zu
einer Hetäre ging, musste er nichts dafür bezahlen, weil
ein Besuch des bekannten Snobs und Playboys eine Werbung für ihr Haus war.

Was sollen solche Bemerkungen angesichts des banalen
Massenhedonismus unserer Zeit, in dem es darum geht,
menschliche Instinkte für den gewerblichen Umsatz nutzbar zu machen? Wirkliche Hedoniker vom Typ eines Aristippos, eines Casanova oder des zynischen und geistreichen
Don Juan, wie ihn Mozart als Don Giovanni unsterblich
gemacht hat, gibt es nicht so viele. Menschen, die ihre Genusssucht als bewusste Lebenseinstellung konsequent aus-
leben, eventuell sogar ohne allzu viel Geld zu besitzen,
sind selten. Ein solches Leben will gekonnt sein. Menschen
aber, die gierige Kunden einer immer weiter um sich grei-
fenden Genuss- und Geldindustrie sind, gibt es in großen
Massen. Sie sind, aus der Sicht der Industrie, nur Zubehör
der Produkte, die sie kaufen sollen. Und so kann man feststellen, dass die moderne »Philosophie der Lebensfreude«
nicht von Denkern, sondern von Geschäftsleuten, angepassten Journalisten und Programmdirektoren inszeniert
wird. Ob nun der Werbetexter, von dem der Anzeigentext
stammt »Hereinspaziert in den Tempel Eurer Begierden«,
ein Zyniker war, der seine Kunden innerlich verachtete,
oder ob er nur selbst naiv war, das spielt im Ergebnis keine
Rolle. Wesentlich ist, dass die »Lustkäufer« tatsächlich die
Kassenschlange anpeilen. Das Kaufhaus als Tempel ist die
richtig erkannte Tatsache, dass hier ein Religionsersatz gesucht und gefunden wird.

II. Lust oder Glück?

Im Vergleich zu früheren Generationen, vor der Dominanz der Massenmedien, als Werbung und ihre angepasste Lehren eine untergeordnete Rolle spielten, werden die heute üblichen Anweisungen, wie man leben muss, zu einem großen Teil von der Werbewirtschaft und den von ihr lebenden Redaktionen produziert, und dies nicht nur in Lifestyle-Journalen. So kann man also feststellen, wie der banale Massenhedonismus tatsächlich Sitte und somit eine dominierende moralische Grundeinstellung geworden ist, die von Millionen akzeptiert und kritiklos guten Gewissens praktiziert wird, auch wenn sie in dieser Form von keinem Denker je gelehrt wurde. Zwar hat Friedrich Nietzsche jede Moral als ein »Stück Tyrannei« verurteilt und demgegenüber die Lust gepriesen. Aber welche Moral verabscheute er, und welche Lust pries er? Es war die des einzelnen Übermenschen: »Lust tritt auf, wo Gefühl der Macht.« Es ging ihm ganz bestimmt nicht um die Lust des von ihm verachteten »Herdenmenschen«, den schon im alten Rom verachteten Plebejer, den man mit »panem et circenses« (Brot und Spiele) zufrieden stellen konnte.

In diesem Zusammenhang ist noch eine weitere Abart der Lust zu erwähnen. Es ist die in den siebziger und achtziger Jahren des 20. Jahrhunderts besonders in Mode gekommene Lust am Ego. Die »Befreiung zum Ich« erschloss neue Geldquellen. Buchtitel wie »Lassen Sie sich nichts gefallen« oder »Die Kunst, ein Egoist zu sein« und eine Unmenge von populärpsychologischen Kursen und Seminaren versprachen neue, auf das Ego konzentrierte Glücksgefühle und eine Erlösung von eventuell noch vorhandener Dulder- und Altruistenmentalität. So lernten von ihrer Familie sich unterdrückt fühlende Frauen, neues Lebensglück beim Töpfern in der Provence zu finden, und kleine Büroangestellte fassten den Entschluss, ihr

Ekel von Chef endlich einmal anzubrüllen. Dass solche Anläufe zur Befreiung von Moral irgend etwas Positives bewirken können, ist damit nicht gesagt.

Wenn die heute praktizierten Sitten in mancher Hinsicht mit negativem Vorzeichen zu versehen sind, schwächt sie das als soziale Tatsache nicht ab. Wo es Sitte ist, »Moral« für überholt zu halten, ist es unmoralisch, sich zur »Moral« zu bekennen. So gesehen ist es ganz normal, wenn z. B. ein Politiker, der sich zu herkömmlichen Werten der Moral bekennt, von Journalisten im Dienste der inserierenden Werbewirtschaft lächerlich gemacht wird. Aber selbst, wo solche Werte noch oder wieder anerkannt werden, sind sie immer gefährdet. Denn als Sitte bzw. Moral in einer Gesellschaft gilt das Vorgelebte, nicht das Gepredigte. Vorbilder für die Massen sind Pop-, Sport-, Geld-, Polit- und Medienidole. Diese werden vor die Öffentlichkeit geholt und gehört, gesehen, bewundert, beneidet. Sie haben den größten Einfluss auf das, was theoretisch Moral sein könnte. Auch wenn ihre Antworten noch so einfältig sind und ihre Ausdrucksweise unbeholfen klingt: Sie äußern sich über Geld, Karriere, Politik, Liebe bzw. Sex, Erfolg, vor allem über ihre Lebens-»Philosophie«. Über sie erfährt die Öffentlichkeit, wie man Liebespartner auswechselt, Steuern hinterzieht, wie man über seine Landsleute denkt, warum man seinen Wohnsitz ins Ausland verlegt. Man lernt, wie man beschönigt, zerredet, vertuscht, und vieles mehr. Die hohe Schule der Eitelkeit und des Egoismus wird den Leuten auf diese Weise Tag für Tag kritiklos als etwas Normales vorgeführt. Und viele Mitläufertypen suchen diese Helden direkt oder indirekt als Miniaturausgabe zu imitieren. Das alles funktioniert dadurch, dass solche Menschen von denen, die sie an die Öffentlichkeit zerren, scheinbar ernst genommen werden. Verehrt werden die Weltmeister der Raffgier selbst in seriös sein wollenden Wirtschaftsmagazinen. Solche Vorbilder ziehen ein weites Feld von Minispekulanten hinter sich her. Börsenkurse wirken aufregender als Fußballergebnisse. Eine völlig neue Kategorie von Kleinbürgerlust und Raffmentalität ist da in den letzten Jahren entstanden. Schon wird am Auto gespart, um nicht einen hoffnungsvollen Aktiensprössling in fremde Hände geben zu müssen. Die hohe Kante von Tante Elfriede ist längst nicht mehr unterm Kopfkissen oder auf der Sparkasse verwahrt. Sie ist jetzt ein nervzehrendes Börsenprodukt und fester Bestandteil des Gefühlslebens.

Es gibt auch in unserer heutigen Gesellschaft jenseits der Lustkultur Hunderttausende, die sich völlig uneigennützig für andere einsetzen, sei es in Bürgerinitiativen und privaten Hilfsorganisationen, oder völlig unbemerkt in spontaner Nachbarschaftshilfe. Es gäbe viele Helden der Nächstenliebe im Kleinen wie im Großen zu beobachten, nur hat es sich herausgestellt, dass solche Menschen nicht daran interessiert sind, ihre Verdienste an die große Glocke zu hängen. Außerdem können sie nicht dazu beitragen, die Einschalt- oder Lesequoten zu erhöhen. Das hat einen ganz einfachen, leicht nachzuvollziehenden Grund: Wer hat schon gerne das unangenehme Gefühl, ein schlechtes Gewissen haben zu müssen? Die vage Aussicht, auch als Spießer berühmt, reich und glücklich zu werden, verkaufte sich schon immer besser als der Ansporn, sich für etwas einzusetzen, was Geld und Mühe kostet und oft Undankbarkeit und Enttäuschung mit sich bringt. Dieser Tatsache trägt ein großer Teil der Medien Rechnung, auch solche, die von öffentlichen Rundfunkgebühren leben.

Von solcher »Lust« ist das Streben nach Glück zu unterscheiden. Für unser Wort Glück hatten die griechischen Denker zwei verschiedene Begriffe: Eutychia ist das Glück der günstigen Umstände, der Lotteriegewinn, das plötzliche Drehen des Windes für die rasche Weiterfahrt, das Überstehen einer Gefahr. Es ist das Glück, das so leicht bricht wie Glas. Das Gegenstück ist Eudaimonia, das Glück, das von Innen kommt, oder die Glückseligkeit, der widrige Umstände nichts anhaben können. Es ist verständlich, dass Philosophen, vor allem die Stoiker, in ihrem Glücksstreben die Eudämonie als Lebensziel sahen, nicht das Glück der schnellen Karriere. Eudämonie fragt nicht nach Geld und Gut, aber sie will gelernt und trainiert sein. Epikur (341–270 v. Chr.) wird oft als Philosoph der Freude angesehen, aber auch bei ihm ist nicht der schnelle Genuss gemeint, sondern die richtige Lebenseinstellung. Er meinte, man solle nicht auf die Götter schauen und auch nicht an ihre ängstigenden Mythen glauben. Wer die Beschaffenheit des Alls kenne, brauche sich nicht vor Göttern zu fürchten: »Ohne Naturerkenntnis kann man keine Freude vollkommen genießen.« Man könnte seine Lehre auch so formulieren: Wenn du die Natur betrachtest, vergeht dir die Angst vor der Hölle, und dann erst kannst du in Freuden leben.

III. Die Kunst der Medienabstinenz

Eine Gesellschaft muss immer wieder ihre Leitbilder überprüfen. Wo und wie geschieht dies tatsächlich? Vielleicht gilt es da eine neue Kunst zu entwickeln: die Kunst der Medienabstinenz (oder wenigstens Mediendiät). Es gibt tatsächlich Menschen, die ihren Fernseher aus der Stube verbannen, um sich nicht mehr die Zeit nehmen zu lassen, die sie für das Lesen von Büchern ihrer Wahl benötigen. Vielleicht sind dies Leute, die mit Fragen an die Welt herangehen und sich nicht von unerfragten Antworten zuschütten lassen. Die herrschende Kritiklosigkeit gegenüber den propagierten Leitbildern könnte also überwunden werden. Die »Moral« der Kauffreude und des Kaufneids, die vielen Kindern schon in den ersten Grundschuljahren durch die Bindung an Modemarken anerzogen wird, ruft auch Opposition hervor. Schon gibt es Gegenbewegungen. Ein Beispiel: Kalle Lasn lebt in Kanada, er war Marktforscher für große Werbeagenturen und ist Begründer des »Buy Nothing Day« (BND), der weltweit seit 1993 jährlich am 24. November begangen werden soll, als Tag, an dem niemand etwas kauft. Lasn sagt: »Überzogener Konsum schadet nicht nur der Umwelt – er verschmutzt auch die mentale Umwelt. Er macht krank.« (DIE ZEIT 48/2000)

Auch wenn solche Kampagnen sicher notwendig sind, müssen doch ihre Grenzen gesehen werden. Seit Jahren ist bekannt, dass Rauchen eine Gesundheitsgefahr bedeutet. Die Tabakwerbung wurde stark eingeschränkt. Dennoch gibt es in Deutschland 6,8 Millionen Menschen, die täglich mehr als 20 Zigaretten rauchen. Für jeden, der aus Vernunftgründen das Rauchen aufgibt, wächst ein anderer jugendlicher Raucher bzw. eine Raucherin nach. Das oft aussichtslos erscheinende Gefecht ist dennoch in der Lage, das kritische Bewusstsein und die Verantwortung zu mobilisieren. Es gleicht der von Albert Camus gerühmten Sisyphosarbeit.

Die Lust an der geistigen Unabhängigkeit kann sich auch darauf konzentrieren, die von den Medien gepriesenen Leitbilder zu überprüfen und seelische Freiräume zurückzugewinnen. Eine solche Lust ist preiswerter als der billigste Billigflug auf die Malediven.

IV. Thesen

1. Hedonismus, die mit Überzeugung gepflegte Kunst, das Leben zu genießen, wird nur von wenigen beherrscht. Statt dessen regiert der banale Volkshedonismus, der sich mit Massenprodukten begnügt.

2. Die Philosophie des Glücks geht von der Eudämonie aus, dem dauerhaften Lebensglück, das nicht an Zufälle und materielle Werte gekoppelt ist.

3. Die durch die Massenmedien zunehmende Orientierung an Werbung und Mode verhindert die wirkliche Orientierung.

4. Gegen den von Massenmedien und von der Werbung inspirierten Volkshedonismus kann nur eine bewusste Opposition helfen. Diese braucht keine Steinwerfer, sondern Vorbilder.

5. Mediendiät oder -abstinenz kann seelische Freiräume zurückgewinnen.

V. Bewertung

+ Es ist gut, wenn der Mensch lernt, sein Leben zu genießen.

Lebensfreude, die nicht an materiellen Gütern orientiert ist, ist ein altes Ziel der Ethik.

− Hedonismus, als pure Genusssucht missverstanden, macht den Menschen manipulierbar und abhängig von immer neuen materiellen Werten.

Menschen, die nur den Genuss anstreben, werden taub für andere Werte und die Mitmenschlichkeit.

Überbordende Werbung und ungebremster Konsum können zur Verschmutzung der materiellen und der mentalen Umwelt führen.

Das siebzehnte Modell:
Wachstum von Technik und Wirtschaft – die verordnete Moral

Ethischer Imperativ: Bejahe die technische und wirtschaftliche Entwicklung, aber halte nicht kritiklos alles für gut, was sie als Fortschritt anpreist!

I. Technik und Mensch haben sich im Griff

Immer wieder treten Probleme auf, die uns zeigen: Hier hat die Technik den Menschen im Griff und nicht der Mensch die Technik. Vorbei sind die Zeiten, in denen man noch ziemlich naiv behaupten konnte: »Die schwereren Probleme unserer Zeit können auch mit den stärkeren Mitteln unserer Technik gelöst werden.« (Karl Steinbuch, 1978). Das damals verkannte Problem liegt darin, dass technische Problemlösungen neue Risiken und Nebenwirkungen mit sich bringen, die kein Arzt oder Apotheker beheben kann. Es droht ein Teufelskreis, aus dem es kein Entrinnen mit Hilfe der Technik gibt. Gewiss, neue technische Entwicklungen schaffen auch umweltfreundlichere Methoden, sparsamere Autos, wirksamere Klärwerke, leisere Maschinen, neue Recyclingverfahren usw. Aber ist damit in den letzten Jahrzehnten auch nur eines der globalen Umweltprobleme gemildert, geschweige denn gelöst worden? Es ist eine geistige Entwicklung in Gang gekommen, die man mit technischen Geräten nicht umkehren kann. Geist lässt sich nicht mit Maschinen bekämpfen. Dies einzusehen, fällt den meisten jedoch sehr schwer. Überall dominiert noch die überkommene Wachstumsideologie, obwohl jeder weiß, dass ungebremstes Wachstum früher oder später zu einem Kollaps führt. Da keiner ahnt, wann dieser Kollaps eintreten wird, tut man so, als stünde er nicht bevor. Strategien zum positiven Umgang mit der Rezession werden nicht entwickelt.

Doch wer trägt dafür die Verantwortung? Sind es einige Ideologen? Ist es die Technik selbst? Ist es die Wirtschaft? Ist es die Politik? Wer oder was ist das? Stehen hinter solchen abstrakten Begriffen irgendwelche Menschen, die man namhaft machen könnte? Ist es »der Mensch«? Auch hier entsteht sogleich die Frage: Wer oder was ist der Mensch als Gattung? Sind es die Ingenieure und ihre Auftraggeber? Ist es der Staat oder die Gesellschaft? Überall stoßen wir auf Begriffe, die es uns verwehren, einen eindeutig Schuldigen zu benennen und herauszugreifen. Ist es gar irgendein »System«, oder trifft die Verantwortung nur jeweils einzelne Menschen? Im Folgenden geht es um die moralische, nicht um die rechtliche Verantwortung.

Wie setzt sich dieses Prinzip in der heutigen Praxis durch? Wenn der Mensch sich fragt: Wie mache ich es richtig, was ist gut?, bekommt er mehr oder weniger offiziell seitens der Politiker und führenden Medien die Antwort: Gut ist, was der Wirtschaft und dem technischen Fortschritt dient. Wachstum ist gut, Wachstum ist notwendig für den Lebensstandard und damit für die Zufriedenheit der Menschen. Unzufriedene Menschen sind ein politisches Risiko, das es zu vermeiden gilt. Medien und Politik scheinen sich wenigstens in dieser Hinsicht einig zu sein. Eine solche Antwort ist im Vergleich zu vergangenen Generationen neu. Die klassischen Ansatzpunkte der Moral waren der Weg zum Tao, Gottes Gebote, das gelingende Leben, der Nutzen für Staat und Gesellschaft usw. gewesen. Eine Moral, deren Codex sich am Ziel des wirtschaftlichen und technischen Fortschritts orientiert, hatte es – zumindest im aktuellen Ausmaß – in früheren Generationen nicht gegeben. Natürlich gibt es Kritiker, aber diese nehmen insgesamt immer noch eine Außenseiterrolle ein. Der

»technologische Imperativ« steht auf dieser zweifelhaften ethischen Grundlage: »Was wir können, muss irgendwie nützlich sein, also machen wir es, sofern es wirtschaftlichen Erfolg verspricht.« Wir können weiter wachsen, weiter fusionieren, weiter globalisieren, noch mehr verdienen, alle erreichbaren Schätze ausbeuten, alle Fortschritte der Technik nutzen usw. Aber gerade hierin liegt ein grundlegender Irrtum. Hans Lenk und Günter Ropohl charakterisieren dieses Problem so: »Es bedürfte keiner Moral, wenn die Menschen alles, was sie können, auch tun sollten. So erweist sich der technologische Imperativ als Perversion jeglicher Moral, ja die proklamierte Unmoral« (Technik und Ethik, 1987). Wohin das führen kann, schrieb Hans Jonas einmal sehr drastisch: Die Überdimensionierung der naturwissenschaftlich-technisch-industriellen Zivilisation führe eine »apokalyptische Situation« herbei. Wir lebten, so meinte er, »im Bevorstand einer universalen Katastrophe« (Prinzip Verantwortung). Obwohl solche Warnungen immer wieder ausgesprochen werden, macht die Überdimensionierung doch weitere Fortschritte.

Einige Aspekte des technologischen und des wirtschaftlichen Imperativs sollen hier gezeigt werden.

1. Jedem seinen eigenen Computer

Wenn ein Kultusminister fordert, jeder Schüler müsse seinen eigenen Computer haben, so geht er davon aus, dass sich mit diesem Mittel irgend etwas Nützliches in Bezug auf den technisch-wirtschaftlichen Fortschritt eines Landes bewirken lasse. Eine solche Forderung klingt immer klug und politisch angepasst. Man muss sich jedoch bei einer derart industriefreundlichen Politik die Frage stellen: Welches ethische Ziel und welches Bildungsziel stehen hinter dieser Forderung? Es ist auch bekannt, dass zahlreiche Köche und Bäcker gesucht werden. Könnte man daher mit gleichem Recht fordern, jedem Schüler einen Herd mit Backofen anzuschaffen? Oder besteht da ein grundsätzlicher Unterschied? Welcher? Wie soll der auf Staatskosten elektronisch erzogene Mensch aussehen? Werden solche Fragen im Ministerium erörtert, oder wird einfach drauflos geredet, weil es so schön und modern klingt? Werden hier Fragen übersehen? Werden auf diese Weise zusätzliche Fähigkeiten vermittelt, dann muss das automatisch auf Kosten herkömmlicher Bildungsinhalte gehen, denn die Kopfkapazität lässt sich durch elektronische Medien nicht vergrößern. Dies ist seit Jahren bekannt. Welche der früheren Bildungsinhalte sollen dem wirtschaftlichen Fortschritt der Industrie geopfert werden? Ist es die sprachliche und musische Erziehung? Eine Gegenstimme zum Fortschrittsglauben der Informationsindustrie: »Den meisten von uns steht schon längst nicht mehr zu wenig, sondern zu viel Input zur Verfügung. Als einzig mögliche Gegenwehr bietet sich eine Ökologie der Vermeidung an, die schon in der Grundschule trainiert werden sollte.« Hans Magnus Enzensberger (Spiegel 2/ 2000), von dem dieser Satz stammt, hatte noch 1970 einen Lobgesang auf die neuen Medien angestimmt. Die inzwischen eingetretene Entwicklung hat ihn in dieser Beziehung skeptisch gemacht.

2. Entwicklungsländer ans Netz?

Im Juli 2000 fand in Japan ein Gipfeltreffen der führenden Industrienationen statt. Eines der wichtigsten Ergebnisse, das die Regierungschefs der reichen Länder verkündeten, bestand in der Forderung, den ärmsten Ländern die Internetnutzung zu ermöglichen. Den meisten, die das gelesen haben, wird vielleicht gar nicht bewusst geworden sein, welches Maß von Verachtung und Zynismus hinter einer solchen Forderung für die Menschen steht, die unter

Hunger, Aids, Hochwasser, Dürre und Stammesfehden leiden und die statt des kostspieligen Anschlusses an die jüngsten Errungenschaften der westlichen Zivilisation eine ganz andere Art von Zuwendung bräuchten: menschliche statt elektronische. Eine Armenhilfe, deren Zweck nur darin besteht, die Reichen noch reicher zu machen, ist im höchsten Sinne unmoralisch. Auch hier hatten viele Politiker, falls sie gemerkt haben sollten, was hier gespielt wird, nicht den Mut, ihre Bedenken gegen einen solchen Fortschritt vorzutragen. Damit diese Sätze nicht missverstanden werden: Es geht hier ganz bestimmt nicht gegen die weitere Entwicklung und Ausbreitung der elektronischen Kommunikation und Information, sondern nur gegen die Verdrängung der Probleme, die sich daraus ergeben können. Eine entsprechende Medienethik steht erst in tastenden Anfängen. Lobby hat sie keine, da mit ihr nichts zu verdienen ist.

3. Die Gefahr der genetischen Lawine

Über Ethik im Zusammenhang mit Gentechnik wird viel geredet und geschrieben. Noch ist kaum jemand in der Lage, hier Gut und Böse auseinanderzuhalten. Unabhängig davon gehen Forschung und zunehmend auch die Nutzung von genmanipulierten Produkten fast ungehindert weiter, und zwar in Richtungen, die mehr als bedrohlich sind. Auch hier sind Bedenken nur in Ausnahmefällen politisch opportun. In seinem Buch mit dem bezeichnenden Titel »Naturvergessenheit« schreibt Klaus Altner: »Mit der erdweiten Anwendung der Gentechnik wird die Naturgeschichte zur Menschheitsgeschichte, bzw. die Schöpfungsgeschichte zur Herrschaftsgeschichte des Menschen. Es ist äußerst unwahrscheinlich, dass es im Zuge dieses gentechnischen Aufbruchs zu einem geregelten Prozess des Umbaus und Aufbaus kommen wird. Sehr viel wahrscheinlicher ist eine unaufhaltsame Totalmanipulation der irdischen Lebenswelt, die uns in neue Disharmonien und Ungleichgewichte stürzen könnte.« Zu bedenken wäre immerhin, dass der Mensch in der Lage sein wird, durch unkontrollierte Genmanipulationen eine evolutionäre Lawine loszutreten, unter der er selbst verschüttet wird. Abgesehen von der Frage, ob der gegenüber der Schöpfung verantwortungsbewusste Mensch überhaupt das Recht hat, in den natürlichen Evolutionsprozess nachhaltig einzugreifen, müsste zumindest gefordert werden, dass genetisch manipulierte Produkte jederzeit eingrenzbar sein müssen, was z. B. nicht der Fall ist, wenn sich genmanipulierte Pflanzen über Blütenstaub und Samenflug wild ausbreiten können.

4. Der Mensch im eiskalten Wasser

Unter dem Einfluss der Wirtschaft wird der Mensch »im eiskalten Wasser egoistischer Berechnung ertränkt. Sie hat die persönliche Würde in Tauschwert aufgelöst.« Was im 19. Jahrhundert für den Arbeiter galt, wie dieses Zitat aus dem »Kommunistischen Manifest« von 1848 zeigt, hat sich inzwischen auch auf mittlere und obere Führungskräfte der Wirtschaft ausgedehnt. Die Arbeitswelt wird härter. In vielen Wirtschaftsbetrieben herrscht ein zunehmend menschenverachtendes Klima. Der normale Anpassungsdruck nimmt nicht ab, sondern zu.

Wenn das Vorstandsmitglied eines Großunternehmens für eine von ihm mitverantwortete Fusion, die Tausende seiner bisherigen Mitarbeiter den Arbeitsplatz kostet, selbst eine Abfindung von 60 Millionen Mark kassiert, dann lässt sich die damit zum Ausdruck kommende Menschenverachtung nicht verheimlichen. Die Folge ist, dass diese Einstellung auch in unteren Bereichen der Hierarchie von Unternehmen spürbar wird. Für die Wirtschaft wird der Mensch zunehmend zum reinen Kostenfaktor. Erfahrene Arbeitskräfte auf allen Ebenen werden rücksichtslos aus ihrer Stellung gemobbt, wenn sich eine billigere Lösung anbietet. Eine Verantwortung für die Mitarbeiter aller Ebenen im Unternehmen, die noch »Patriarchen« wie Robert Bosch oder Ernst Abbe (Carl-Zeiss-Stiftung) gesehen hatten, ist, weil sie Geld kostet, heute gegenüber den Aktionären normalerweise nicht mehr durchzusetzen. »Shareholder Value« geht vor »Human Value«.

5. Der Einzelne in der Verantwortung

Ein amerikanischer Automobilkonzern brachte Anfang der siebziger Jahre einen neuen Kleinwagen mit dem Namen »Pinto« auf den Markt. Da große Eile herrschte, waren die Werkzeugmaschinen schon gebaut, bevor die ersten Auffahrtests liefen. Erst bei ihnen stellte sich heraus, dass bei einem Auffahrunfall der Benzintank explodieren konnte. Die Firma weigerte sich, eine Plastikpufferung (Preis 11 Dollar) bzw. eine Gummiinnenverkleidung (Preis 5 Dollar) einzubauen, weil die Kosten-Nutzen-Analyse ergeben hatte, dass die Konstruktionsänderung teurer zu stehen käme als die Summe der Schadensersatzforderungen von geschätzten 180 Toten jährlich und einer entsprechenden Anzahl von Brandverletzten. Mit Hilfe einer wirksamen Lobby wurden auch Einwände der Versicherungen immer wieder beschwichtigt. Bis 1977 wurden fast zwanzig Millionen Exemplare des gefährlichen Kleinwagens ausgeliefert. Die Folge: 9000 Todesopfer in nur vier Jahren. Ein Ingenieur des Werks antwortete auf die Frage, warum man nicht der Unternehmensleitung laufend mit dem Problem in den Ohren gelegen habe, »diese Person wäre sofort entlassen worden. Sicherheit war damals kein populäres Thema.« Der frühere Automobilkonzernchef Lee Iacocca sagte: »Safety doesn't

sell.« (Über diesen Vorgang berichtet Hans Lenk in seinem Beitrag »Ethikkodizes für Ingenieuere« in: Lenk/
Ropohl, 1987.)

II. Herde – Gruppe – System:
Auf wen kommt es an?

Die mit dem Größenwachstum und der Globalisierung
der Wirtschaft sowie die mit dem unkontrollierten Fortschritt von Technik und Wissenschaft einhergehenden Än-
derungen im Umgang der Menschen miteinander haben
Probleme und Konfliktszenarien geschaffen, für die noch
nach überzeugenden Modellen und Regeln gesucht wird.
Managementlehren und -seminare gibt es zahllose, aber
ihre ethische Fundierung ist meist mehr als dürftig. Viele
spüren zwar ihre Verantwortung, die Möglichkeiten jedoch, ihr gerecht zu werden, stoßen oft an Machtstrukturen und Sachzwänge, gegenüber denen der Einzelne
machtlos ist. Wer irgendeine Erscheinung kritisiert, die andere für fortschrittlich, nützlich und vor allem für wirtschaftlich erfolgversprechend halten, gerät in den Ver-
dacht, er sei rückständig, ewig gestrig oder reaktionär.
Innerhalb eines Unternehmens muss er mit Entlassung
rechnen. Wer nicht als Fortschrittshindernis unangenehm
auffallen will, hält sich zurück, vor allem dann, wenn es
sich um eine geplante Maßnahme des eigenen Unternehmens oder Instituts handelt. Hier zeigt sich ein derzeit
wohl noch nicht lösbarer Kern des Problems: Das Schwer-
gewicht hat sich von der Einzelverantwortung zur Grup-
penverantwortung hin verlagert. Die Frage bleibt: Wie
wird der Einzelne in einer Gruppe mitverantwortlich,
wenn er ihre Entscheidungen nicht oder nur ganz unwe-
sentlich beeinflussen kann? Die herkömmlichen ethischen
Modelle gehen normalerweise von der Verantwortlichkeit

des Individuums aus. Aber welche Verantwortung trägt das Schaf in einer irregeführten Herde? Kann ein »System« irgend eine Verantwortung übernehmen? Welche Macht hat ein Vorstandsmitglied gegenüber der anonymen Macht der Aktionäre, denen es nur um die Kurse ihrer Anteile geht?

Solche Fragen wurden und werden nach dem Zweiten Weltkrieg immer wieder im Zusammenhang mit den Verbrechen unter der Nazidiktatur bis heute gestellt.

Erkennt ein Mensch, dass die Gruppe, deren Mitglied und Mitarbeiter er ist, sich auf einem Irrweg befindet, dann hat er zwei Möglichkeiten, die Horst Eberhard Richter einmal in einem Buchtitel als »Flüchten oder Standhalten« (1976) charakterisierte. Flucht einerseits gibt es nach Außen oder nach Innen, in die Resignation. Standhalten andererseits umfasst das Risiko, in Wirtschaft oder Politik abgeschossen, in totalitären Staaten erschossen zu werden.

Wenn jeder wüsste, welchen Mächten des Bösen er in Wirklichkeit dient, wäre das alles viel einfacher. Wo aber nur Berechnungen zählen, haben Vorahnungen keine Bedeutung und müssen privat bleiben. Wer einem Irrweg nicht folgen will, der muss aus der Herde ausscheren. Er versagt sich der Mitarbeit und verlässt die Gruppe, deren Verhalten er nicht mittragen kann. Er ist bereit, die damit verbundenen, oft großen Opfer zu bringen. Es gibt noch einen weiteren Weg, das ist der wirksamste und schwerste. Es ist der Weg des Widerstands, der auch in positivem Handeln liegen kann: in der Pflege der Unterdrückten und Verfolgten, in der Erarbeitung und Propagierung von alternativen Lösungen und vielem mehr. Es gibt ein Ethos der Versagung, der Nichtanpassung, des Ausscheidens, des Beharrens auf der eigenen Meinung und notfalls des Widerstands. Je größer der psychische, politische und wirtschaftliche Gruppenzwang ist, desto schwieriger ist es, sich dieser Verantwortung zu stellen. Und immer bleibt die Gefahr, dass der Einzelne, wenn er sich nach Gefährten umschaut, feststellen muss, dass er alleine ist. Die einzige Möglichkeit, sich in größerer Zahl einer Verantwortung zu stellen, ist der Zusammenschluss zu einer Gruppe. Die Entscheidung, ihr anzugehören, ist ein Ausfluss der Mitverantwortung, die jeder Einzelne trägt.

III. Thesen

1. Es gibt eine scheinbar ethische Forderung, die darin besteht, alles von vornherein für gut zu halten, was dem technischen und wirtschaftlichen Fortschritt dient. Wenn wir hier nicht zu unterscheiden lernen, werden wir den Kampf um die Zukunft verlieren.

2. Jedes ungebremste Wachstum muss früher oder später zum Kollaps führen. Es ist falsch, diese Erkenntnis zu verdrängen.

3. Die Überdimensionierung von Technik und Wirtschaft führt zu neuen ethischen Problemen, für die gültige Modelle noch gesucht werden müssen.

4. Ein System, eine Gruppe, ein Unternehmen kann in ethischer Hinsicht keine Verantwortung übernehmen, diese ist dem einzelnen Menschen vorbehalten.

5. Der Mensch in der »irregeleiteten Herde« kann diese normalerweise nicht beeinflussen, dennoch trägt er Mitverantwortung für den falschen Weg.

6. Die einzige Möglichkeit, sich der Verantwortung einer falsch orientierten Gruppe zu entziehen, besteht darin, seine Mitarbeit zu versagen und gegebenenfalls zu versuchen, alternative Wege zu beschreiten. Er muss Zeichen setzen.

IV. Bewertung

+ Der technische Fortschritt kann für viele Menschen Erleichterung bei der Arbeit und Verbesserung der Lebensqualität mit sich bringen.

Der Traum von einer besseren Zukunft ist unlösbar mit weiterem technischen Fortschritt verbunden.

— Technischer Fortschritt hat in der Vergangenheit nicht zur Lösung der eigentlichen globalen Probleme beigetragen. Er hat sie eher vergrößert.

Die technische Entwicklung birgt die Gefahr, dass der Mensch von ihr abhängig wird und dass er ihr dient statt sie ihm.

Das achtzehnte Modell:
Die globale Verantwortung

Ethischer Imperativ: Erkenne deine
Verantwortung gegenüber der ganzen Welt!

In den Industrienationen, vor allem innerhalb der westlichen Welt, hat man sich angewöhnt, das für Fortschritt zu halten, was der eigenen Wirtschaft dient. Bedenkenträger werden ins Abseits gestellt. Demgegenüber hatte schon 1923 Albert Schweitzer geschrieben: »Alle Fortschritte des Wissens und Könnens wirken sich zuletzt verhängnisvoll aus, wenn wir nicht durch entsprechenden Fortschritt unserer Geistigkeit Gewalt über sie behalten.« (Ehrfurcht vor dem Leben)

Daraus ergibt sich die oft gestellte und nicht immer befriedigend beantwortete Frage: Welches ethische Modell ist in der Lage, der durch weitere technische Fortschritte, Globalvernetzung und Wirtschaftswachstum veränderten Welt gerecht zu werden? Gibt es neue Maßstäbe und Gebote, die, falls sie beachtet würden, Segen für Natur und Mensch verheißen? An Versuchen fehlt es nicht. Noch nie wurden so viele Bücher über Ethik und Moral geschrieben wie in den letzten Jahren. Aber anscheinend hält sich selbst Gott zurück. Einen so knapp formulierten Kodex, wie er seinerzeit dem Mose in den Zehn Geboten mit auf den Weg geben hat, hat er sich seither nicht mehr abringen lassen. Statt dessen haben wir eine Vielzahl von umtanzten goldenen Kälbern auf der Welt. Die Versuche, neue Regeln für das weltweit Gute in einer nicht ganz guten Welt zu finden, sind längst nicht mehr überschaubar. Drei Modelle aus dem 20. Jahrhundert sollen stellvertretend für viele andere hier skizziert werden:

- Die von Albert Schweitzer entwickelte Lehre von der »Ehrfurcht vor dem Leben«.
- Das von Hans Jonas formulierte »Prinzip Verantwortung«.
- Das von Hans Küng in die Wege geleitete Projekt »Weltethos«.

I. Ehrfurcht vor dem Leben

Als Albert Schweitzer im September 1915 eine 200 Kilometer lange Reise in einem alten Dampfer auf dem Ogowefluss unternehmen musste, um der erkrankten Frau eines Schweizer Missionars zu Hilfe zu kommen, suchte er lange nach einem ethischen Grundprinzip, das am Beginn einer Kultur stehen könnte. Wie er da nachdenklich saß, entdeckte er auf einer Sandbank vier Nilpferde mit ihren Jungen. Da entstand in ihm plötzlich das Wort »Ehrfurcht vor dem Leben«. Schweitzer erklärte es so: »Ich bin Leben, das leben will, inmitten von Leben, das leben will.«

Der Begriff »Ehrfurcht« bedeutet viel mehr als das Wort »respect«, mit dem Schweitzer für die französische Übersetzung Vorlieb nehmen musste. Ehrfurcht ist mehr als Achtung, es ist die demütige Verehrung einer großen, furchtgebietenden Macht. Leben als umfassender Begriff für die »belebte« Natur ist zugleich der Hinweis auf etwas, was der Mensch nicht schaffen kann. Leben leitet sich aus Leben her, es gibt keine neue Urzeugung aus toter Materie. Der Funke des Lebens kann nur überspringen, nicht neu gezündet werden. So verstanden, ist Leben ein unmittelbarer und fortwirkender Bestandteil der Schöpfung. Schweitzer folgerte aus seinem Begriff: »Nur das Denken, in dem die Gesinnung der Ehrfurcht vor dem Leben zur Macht kommt, ist fähig, die Zeit des Friedens in unserer Welt anbrechen zu lassen.« Dabei war für Schweitzer klar, dass diese Ethik einen kulturellen Fortschritt darstellen würde. »Drei Arten von Fortschritt kommen für die Kultur in Betracht: Fortschritte des Wissens und Könnens, Fortschritte in der Vergesellschaftung, Fortschritte der Geistigkeit.« In einer Zeit, die nur das Berechenbare zur Kenntnis nimmt, haben geistige Fortschritte keine Lobby. Der Kultusminister, der für jeden Schüler einen Computer fordert, die Staatsoberhäupter, die für die armen Länder den Anschluss an das Internet fordern, wären bei der Industrie und den Anhängern eines naiven Fortschrittsglaubens schlecht angesehen, wenn sie statt dessen neue »Fortschritte der Geistigkeit« fordern würden. Man nähme solche Thesen nicht ernst, weil sie weder Umsatzsteigerung der Wirtschaft noch Steuermehreinnahmen versprechen. Schweitzer kannte das Problem: »Aus unserem Wirklichkeitssinn kommt unsere Machtlosigkeit.«

Schweitzer fand deutliche Worte gegen die Atomrüstung als lebensbedrohende Technik. Das lebenserhaltende Prinzip galt für ihn im Großen ebenso wie im Kleinen. Als in Lambarene ein neues Haus gebaut wurde, hatte sich nach einer Bauunterbrechung in dem Loch, in das ein Pfahl gerammt werden sollte, Wasser angesammelt. Bevor die Leute mit dem Pfahl kamen, bückte sich Schweitzer und forschte mit der Hand in dem Loch, um festzustellen, ob sich dort nicht vielleicht eine Kröte hinein verirrt hätte, die es zu retten galt. Die Ehrfurcht vor dem Leben muss sich nicht nur in theoretischen Schriften, in der Forschung, in der Politik, sondern zunächst im täglichen Leben aller Menschen zeigen und bewähren. Ehrfurcht vor dem Leben, das ist in erster Linie Beachtung der Schöpfung. Ethische Erwägungen zum Thema Genmanipulation, die diesen Gesichtspunkt nicht zur Grundlage nehmen, laufen Gefahr, in banalem Utilitarismus zu enden. Es geht nicht darum, welches Leben vor welchem anderen Leben Vorrang hat. Solche Vergleiche lehnte Schweitzer grundsätzlich ab, auch einzelne Insekten haben ihre Daseinsberechtigung. Wer die Schöpfung als Ganzheit betrachtet, weiß, dass sich alles ineinander fügt. Diese Harmonie folgt aus dem Leben überhaupt. Nicht immer bekommt der Mensch bei Missachtung der Natur die Quittung so schnell serviert wie im Fall des Rinderwahns, der nachweislich seine wesentliche Ursache darin hat, dass Rinder, die ja reine Pflanzenfresser sind, mit Futter ernährt wurden, das Bestandteile von Tierkadavern enthielt. Manche solcher Quittungen bewahrt sich die Natur für spätere Generationen auf. Der Mensch kann hier also mit dem Verstand nur selten etwas planen, berechnen und beschönigen. Die Ehrfurcht vor dem Leben müsste ihn, wenn auch immer unbeweisbar, sogleich erkennen lassen, wo er seine Grenzen überschreitet.

Natürlich wusste auch Schweitzer, wie roh und rücksichtslos es in der Natur zugeht, wo das Fressen und Gefressenwerden ein Naturprinzip ist. Das kann der Mensch, auch im eigenen Interesse, nicht verhindern, und dennoch muss er Mitleid mit dem beim Waldspaziergang achtlos zertretenen Käfer haben.

II. Das Prinzip Verantwortung

Hans Jonas (1903–1993) brachte sein Buch »Das Prinzip Verantwortung – Versuch einer Ethik für die technologische Zivilisation« 1979 heraus, es wurde in der Öffentlichkeit viel beachtet. Nach dem von Ernst Bloch geprägten Begriff »Das Prinzip Hoffnung« wurde nun das »Prinzip Verantwortung« zu einem weitverbreiteten Schlagwort. Ausgangspunkt seiner Darlegungen ist die Feststellung, die moderne Technologie habe ein »utopisches Ausmaß« angenommen, das uns ständig mit »Endperspektiven« konfrontiere. Scheinbar alltägliche Entscheidungen berühren immer öfter »letzte Anliegen«. Die Anforderungen an Weisheit steigen im gleichen Maß wie die zu erwartenden Auswirkungen einer Entscheidung. Dies sei »eine unmögliche Situation für den Menschen überhaupt, weil er diese Weisheit nicht besitzt. (...) Wir haben Weisheit am nötigsten, wenn wir am wenigsten an sie glauben.« Die Folge ist für Jonas das »ethische Vakuum«, das unter anderem dadurch entstanden ist, dass uns die seit der Aufklärung zerstörte Kategorie des Heiligen fehle. Der Glaube könnte eine ethische Grundlage sein, aber was nützt er uns, wenn wir ihn nicht haben? Dagegen, meint Jonas, könne man nach den Möglichkeiten einer »rationalen Metaphysik« suchen.

Eine Zukunftsethik kommt nicht ohne Beteiligung des menschlichen Gefühls aus. Trotzdem müssen zunächst zwei Forderungen erfüllt sein. Erstens: ein Zugang zur Vorstellung der Fernwirkungen unseres Verhaltens. Wir müssen schließlich wissen, wohin wir gleiten, wenn wir unser Tun fortsetzen. Zweitens: Aufbietung des dem Vorgestellten angemessenen Gefühls; mit anderen Worten: Wir müssen fähig sein, uns zu fürchten. Nur wer sich fürchtet, sucht Auswege. Dabei kann es nötig sein, der schlechten Prognose den Vorrang vor der guten zu geben. Vielleicht könnte man dies auch als Zweckpessimismus bezeichnen.

Die entscheidende Frage ist: Wie kommt Jonas von der Sicht auf die Zukunft und von der Furcht vor ihr zum Begriff Verantwortung? Sein durchaus origineller, wenn auch sehr gewagter Schritt sieht so aus: Worauf es ankommt, das sind nicht nur Zustände des Willens, sondern die Sachen. Ehrfurcht ist ein Gefühl, dies allein bewirkt nichts. Entscheidend ist aber nicht dieses Gefühl, sondern die Sache. Sie selbst muss sich aus einem Objekt in ein Subjekt verwandeln. Der zu erhaltende Gegenstand selbst muss uns zur Verantwortung herausfordern. Die Menschheit der Zukunft wird uns fragen, wir müssen ihr heute schon Rede und Antwort stehen. Einen Versuch, zu einer »rationalen Metaphysik« zurückzufinden, sieht Jonas in folgender Annahme: »Der Mensch ist das einzige uns bekannte Wesen, das Verantwortung haben kann. Unmittelbar erkennen wir dieses ›Können‹ als mehr denn einen bloß empirischen Befund« (Philosophische Untersuchungen, 1994). So gesehen beruht also schon die Tatsache, dass der Mensch sich seiner Verantwortung überhaupt bewusst werden kann, auf einem Vorstoß in die Metaphysik. Bei der Frage, welches Handeln nun konkret aus dem Bewusstsein der Verantwortung des Menschen folgt, muss sich Jonas als Philosoph zurückhalten.

III. Das Weltethos

Einen völlig anderen Weg als Jonas beschreitet der Theologe Hans Küng. Zunächst geht er von einer vergleichbaren Frage aus: »Unter welchen Grundbedingungen können wir überleben, als Menschen auf einer bewohnbaren Erde überleben und unser individuelles und soziales Leben menschlich gestalten?« (Projekt Weltethos, 1992). Die daraufhin versuchte Antwort: »Der Mensch muss mehr werden, als er ist: Er muss menschlicher werden.« Diese These aus der Feder eines Theologen klingt zunächst enttäuschend. Was kann der Mensch anders sein, als er ist: ein Mensch? Ist nicht auch alle Bosheit und Schändlichkeit des Menschen ein Ausdruck der Tatsache, dass er Mensch ist und nur dies? Sollte statt dessen nicht gefordert werden, der Mensch müsse mehr als bisher versuchen, sich Gott zu nähern, in Übereinstimmung mit den Aussagen von Platon und Jesus, aber auch schon mit der Theologie des Alten Testaments, um der alten Verheißung gerecht zu werden, der Mensch sei Gottes Ebenbild?

Küng kennt dieses Problem sehr wohl, wenn er sagt: »Das Humanum wird gerade so gerettet, indem es als im Divinum begründet angesehen wird.« (Humanum: das Menschliche; Divinum: das Göttliche.) Das Dilemma, mit dem sich Küngs »Projekt Weltethos« herumschlagen muss, besteht darin, dass das Weltethos für alle Menschen weltweit eine gültige Grundlage der Ethik sein will. Es will die ethischen Forderungen, die allen Kulturen und Religionen gemeinsam sind, zusammenfassen und auf einen Nenner bringen. Dazu muss es folglich auch die Menschen mit einbeziehen, die nicht an einen Schöpfergott und eine göttliche Allmacht glauben. Und das sind nicht nur die Atheisten, sondern auch Anhänger von anderen Religionen oder Lehren, wie z. B. des Buddhismus.

Es ist sehr wohl möglich, dass sich etwa humanistisch gesinnte Atheisten und überzeugte Christen im Ergebnis mit ihren ethischen Forderungen einig sind. Aber in der Begründung werden sie es nicht sein können. Für die Anhänger der großen monotheistischen Religionen, also für Juden, Christen und Muslime, ist jede Ethik in Gott begründet. Kann es dennoch eine »Koalition der Glaubenden und Nichtglaubenden« geben? Küng hält sie im Interesse eines Weltethos für notwendig und auch konkret realisierbar. Um in dieser Richtung weiterzukommen, fordert und fördert Küng internationale Begegnungen und Aktionen. So wurde eine Erklärung zum Weltethos am 4. September 1993 im Grant Park von Chicago unter großer Anteilnahme der Bevölkerung verlesen. In ihr sind u. a. folgende Sätze enthalten: »Die Welt liegt in Agonie – Diese Agonie ist so durchdringend und beängstigend, dass wir uns herausgefordert fühlen, ihre Erscheinungsformen zu benennen, sodass die Tiefe unserer Besorgnis deutlich werden kann. Der Friede entzieht sich uns – der Planet wird zerstört – Nachbarn leben in Angst – Frauen und Männer sind entfremdet voneinander – Kinder sterben! Das ist abscheulich. Wir verurteilen den Missbrauch der Ökosysteme unserer Erde. (…) Diese Agonie muss nicht sein. Sie muss nicht sein, weil die Grundlage für ein Ethos bereits existiert. (…) Wir bekräftigen, dass sich in den Lehren der Religionen ein gemeinsamer Bestand von Kernwerten findet, und dass diese die Grundlage für ein Weltethos bilden.« (Ja zum Weltethos) Diese gemeinsamen Grundlagen können nach Küng so gesehen werden:

I. Verpflichtung auf eine Kultur der Gewaltlosigkeit und der Ehrfurcht vor allem Leben.
II. Verpflichtung auf eine Kultur der Solidarität und eine gerechte Wirtschaftsordnung.
III. Verpflichtung auf eine Kultur der Toleranz und ein Leben in Wahrhaftigkeit.
IV. Verpflichtung auf eine Kultur der Gleichberechtigung und die Partnerschaft von Mann und Frau.

In der Formulierung, dass Mann und Frau in »Partnerschaft« und nicht, wie es nach unserem Verständnis heißen müsste, in »Gleichberechtigung« leben sollen, liegt bereits ein Zugeständnis an den Islam, in dem die Frau dem Mann nach wie vor untergeordnet ist. Muhamed Talbi, Professor für Islamische Geschichte an der Universität Tunis, erklärt zum Projekt Weltethos Folgendes: »In der Erklärung ist an keiner Stelle von Gott die Rede. Dieses Fehlen ist natürlich kein Zufall. Dazu hat der Buddhismus erheblich beigetragen. (…) Für mich als Moslem ist jegliche Ethik, die diese vertikale Beziehung, diese transzendente Dimension meiner Menschlichkeit nicht mit einbezieht, unhaltbar. (…) Eine Ethik, der die tranzendente Dimension fehlt, ist platt. Sie ist nicht aufwärtsstrebend, sie hat keinen Sinn, sie ist ohne Ergebnis und Finalität. Nichts als wohlgeordnete Animalität auf Erden. Doch der Mensch ist mehr …« Dieser Einwand hätte mit gleicher Begründung auch von einem Juden oder Christen geäußert werden können, denn in allen monotheistischen Religionen ist die Ethik auf Gott gegründet. Andererseits gibt es keine Ausnahmen für Menschen, die nicht an Gott glauben. Wenn Gott allmächtig ist, dann hat er auch das Recht erschaffen, nicht an ihn zu glauben. Das Recht jedoch, die Erde, ihre Völker und die Natur zu zerstören, hat kein Mensch. Dies zu wissen, ist nicht nur eine Frage der Religion. Insoweit ist der Kompromiss, den Küng eingeht, zu akzeptieren.

IV. Thesen

1. Technisierung und Globalisierung führen zu neuen Gefahren für Mensch und Natur, die mit den bisherigen ethischen Modellen nur unzureichend angegangen werden können.
2. Die Ethik der Ehrfurcht vor dem Leben dient primär nicht einem bestimmten Zweck, sie muss aus dem Fortschritt der Geistigkeit von selbst folgen, denn mit technischen Mitteln allein lassen sich die Probleme der Zukunft nicht lösen.
3. Das Ausmaß menschlicher Entscheidungen betrifft immer häufiger die ganze Erde. Die dafür erforderliche größere Weisheit besitzt der Mensch nicht, weil er sich nicht zu ihr bekennt.
4. Die Zukunftsethik muss sich ihrer größeren Verantwortung bewusst sein. Sie entsteht durch Vorstellung der Fernwirkung menschlicher Handlungen und durch die Furcht vor ihr.
5. Die Zustände der Zukunft dürfen für den Menschen nicht nur ein Objekt sein. Sie müssen ein Subjekt werden, das den Menschen zur Verantwortung ziehen wird.

6. Ein Weltethos kann formuliert werden, weil es Werte gibt, die allen Kulturen und Religionen gemeinsam sind. (Vorausgesetzt ist dabei, dass »Ethos« nur eine äußerliche Erscheinungsform der Ethik ist.)

7. An der Frage, ob es außerhalb des Bezugs auf Gott eine Ethik geben kann, dürfen gemeinsame Vorstöße, ein Weltethos durchzusetzen, nicht scheitern.

V. Bewertung

+ Globale Probleme fordern globale Werte. Versuche, sie zu verbreiten, sind zu begrüßen.

Sollte ein Weltethos den gleichen Einfluss gewinnen wie die Weltwirtschaft, dann wäre dies schon ein großer Fortschritt.

— Um einen über das Beschreibbare hinaus gehenden ethischen Konsens unter den Weltkulturen zu finden, müssten diese einen Teil ihrer Eigenständigkeit aufgeben.

Ethik und Kultur lassen sich nicht von einander trennen. Eine einheitliche Ethik liefe letzten Ende auf einen vordergründigen Utilitarismus hinaus.

Ein klärendes Gespräch

An Stelle einer Zusammenfassung, Bewertung und Auswertung der hier dargestellten 18 Ethik-Modelle folgt hier ein fiktives Gespräch mit dem Autor dieses Buches, bei dem er sich zu den hier angeschnittenen Problemen äußert.

Frage: Achtzehn verschiedene ethische Grundmodelle stellen Sie vor. Welches ist denn nun nach Ihrer Meinung das richtige?

Antwort: Keines.

Frage: Wenn aber keines richtig ist, dann verstehe ich nicht, warum Sie diese Modelle dargestellt haben.

Antwort: Sie haben gefragt, welches ist das Richtige, im Sinne von allein richtig.

Die Alternative »richtig« oder »falsch« ist hier mit Vorsicht zu gebrauchen, denn es kommt nicht nur darauf an, nach welcher Lehre sich der Einzelne richtet, sondern auch wie er mit ihr umgeht.

Frage: Welche der hier dargestellten Lehren sind unter dieser Voraussetzung richtig und wesentlich für unser Dasein?

Antwort: Alle.

Frage: Wenn aber alle wesentlich sind, führt das dann nicht zu einer ethischen Beliebigkeit, zur Unverbindlichkeit der Lehren, zu einem »Multi-Ethik-Mix«?

Antwort: Nein. Müssen denn die Modelle alle jeweils umfassend und verbindlich sein? Denken Sie an die Musik, da gibt es viele Stile, Epochen, Gattungen. Wer fragt da, was ist hier richtig? Wenn Beethoven richtig ist, dann ist Bach falsch und umgekehrt. So etwas zu sagen, wäre doch Unsinn. Man kann nicht einmal sagen: Wenn Klassik richtig ist, dann ist Pop falsch. Es gibt gute und weniger gute Musik, aber das hängt dann nicht vom Stil oder der Epoche ab, sondern vom Menschen, der komponiert, musiziert oder zuhört. So ist es mit der Ethik auch. Die Lehre selbst, die einer befolgt, macht ihn nicht zu einem guten oder zu einem schlechten Menschen.

Frage: Es wird doch z.B. im Christentum immer wieder gepredigt, es führe zum Guten im weitesten Sinn.

Antwort: Auch wer peinlich genau versucht, ein guter Christ zu sein, braucht daher noch lange nicht ein guter Mensch zu werden. Übrigens hat das so etwa schon Jesus selbst gesagt, als er das Gleichnis vom Barmherzigen Samariter vortrug. Die Samariter waren damals ein Volksstamm mit anderem Glauben, für Juden waren sie gewissermaßen Ausländer. Jesus berichtet, dass der »fromme« Jude dem von Räubern überfallenen Menschen, der hilflos an der Straße lag, nicht geholfen hat, dagegen aber ein Samariter. Also nicht das Bekenntnis zählt für Jesus, sondern die spontane Menschlichkeit, die Unvoreingenommenheit.

Wer eine Lehre befolgen will, ohne ihre ethische Grundlage verinnerlicht zu haben, kann in die Irre gehen. Dabei will ich keineswegs behaupten, die Verinnerlichung müsse über den Verstand erfolgen. Ein guter Mensch zu sein, das ist keine Frage der Bildung. Wer aber Bildung anstrebt, muss sich auch den Grundfragen der Ethik stellen.

Frage: Ich möchte noch einmal nachhaken. Sind für Sie die ethischen Modelle also beliebig und gleichwertig?

Antwort: Nein, natürlich nicht. Das habe ich in der Darstellung immer wieder zum Ausdruck gebracht, auch in den »Bewertungen«. Meine persönliche Meinung verberge ich nicht, sie ist an vielen Stellen erkennbar. Ich bin kein Anhänger einer sich nur auf das Rationale beschränkenden Weltklugheit, der berechneten Taktik gegenüber Mitmenschen. Wir brauchen die Vernunft, aber sie allein führt uns nicht zum richtigen Leben. Ich bin in dieser Hinsicht kein Anhänger Kants. Ich bin auch gegen den materialistischen Wirtschaftshedonismus und gegen die Wachstumsideologie. Ich lehne, egal auf welcher Grundlage, jede Art von Fanatismus und Fundamentalismus ab, weil diese zu Ausgrenzung und Streit führen. Andererseits ist für mich Ethik ohne metaphysische Verwurzelung, also etwa ohne ihre Zurückleitung auf eine Gottheit oder eine nicht näher definierbare Verantwortung gegenüber dem Weltganzen, undenkbar. Natürlich muss Ethik auch die menschliche Vernunft bemühen, dabei darf sie aber nicht stehen bleiben.

Frage: In der Darstellung der ethischen Lehren geht es meist nur um deren Grundlage, also die Frage, worauf diese Modelle gebaut sind. Aber damit sind doch die Fragen, wie der Einzelne im Alltag damit umgeht, noch gar nicht behandelt.

Antwort: Das stimmt. Moralische Regeln lassen sich nur selten konkret aufstellen, sondern in jedem Einzelfall muss man wissen, was da alles mit hinein spielt. Selbst für die Regel, dass man nicht lügen darf, gibt es manches Wenn und Aber. Auch dort, wo wir Gesetze und eine aus ihnen abgeleitete umfangreiche Rechtsprechung haben, können wir die Justiz nicht an ein Computerprogramm delegieren. Wir brauchen den Richter, der auf der Grundlage der Gesetze im Einzelfall bewerten und beurteilen muss. Nicht nur seine Rechtskenntnis ist gefragt, sondern auch seine Lebenserfahrung und seine Weisheit. Moral bewährt sich in der konkreten Situation, nicht an der abstrakten Regel.

Frage: Was können Leserinnen und Leser aus Ihrem Buch trotzdem lernen?

Antwort: Das Wort »trotzdem« ist hier nicht angebracht. Es geht doch darum, moralische Probleme im täglichen Leben zu beurteilen. Dazu muss man zunächst einmal (bewusst oder unbewusst) klären, von welcher Denkgrundlage man dabei ausgeht. Ein Stoiker sieht manche Dinge anders als einer, für den Recht und Gesetz das Äußerste sind, was er beachten will. Das vorliegende Buch kann Menschen, die daran interessiert sind, unabhängig und frei zu entscheiden, dabei helfen, einen Standpunkt und Maßstäbe zu finden. Es bietet Orientierung und Halt. Dies ist nach meiner Meinung das Wichtigste. Wer über eine Entscheidung nachdenkt, will doch wissen, wonach er sich richten muss. Wenn er das nämlich nicht weiß, besteht die Gefahr, dass er seinen eigenen Vorurteilen folgt und sich verrennt. Das Buch baut Vorurteile und Klischees ab und fördert Sicherheit im Denken, wenn es um ethische Probleme geht. Vielleicht hilft es auch zu ein bisschen mehr Weisheit.

Frage: Sie werden aber doch wohl nicht erwarten, dass jetzt alle Leute damit anfangen, über theoretische Probleme der Ethik nachzudenken?

Antwort: Schaden würde das niemandem, aber natürlich wissen wir alle, wie es auf der Welt zugeht. Was wir brauchen, das sind die richtigen Vorbilder. Für die meisten Menschen sind Lehren aus dem konkreten Beispiel wichtiger als Theorien. Ein höflicher und menschlich engagierter Polizeibeamter im Fernsehkrimi kann mehr Menschen positiv beeinflussen als ein Oberseminar über Ethik. Und umgekehrt, der unkritische Bericht über einen hohlen, aber erfolgreichen Menschen kann manchen guten Willen gefährden. Aber es geht ja nicht nur um Leitbilder in den Medien, sondern auch um

Menschen, mit denen wir im Alltag umgehen. Schauen wir uns doch mal kritisch um in unserer Umgebung. Haben wir noch Vorbilder, oder meinen wir gar, es gäbe keine mehr? Woher kommt das, muss das so bleiben? Wie sehen wir uns selbst, und wie sehen die anderen uns in dieser Beziehung? Hier können wir sofort anfangen mit der Arbeit.

Frage: Dazu noch eine letzte Frage. Die von Ihnen vorgestellten Modelle sind doch teilweise sehr alt. Sind sie denn nicht längst überholt und durch neuere ersetzbar geworden?

Antwort: Eigenartigerweise nicht. Trotz allem, was in der Welt der letzten viertausend Jahre mit der Menschheit passiert ist, sind viele der menschlichen Grundeigenschaften und -situationen im Umgang miteinander gleich geblieben. Vieles von dem, was vor Urzeiten gesagt worden ist, kann heute nicht besser dargestellt werden, es hat seine zeitlose Gültigkeit bewahrt, und es wäre daher eine Hybris unserer Zeit, die alten Weisheiten allein wegen ihres Alters pauschal für überholt zu halten. Wir reisen zu antiken Pyramiden und Tempeln, wir besuchen Museen, wir bewundern Dome aus dem Mittelalter. Wir würden uns für sie nicht interessieren, würden sie uns nicht existenzielle Signale aus der alten Zeit in die Gegenwart vermitteln. Man darf nicht, wie es leider viele tun, Modernität mit Geschichtslosigkeit verwechseln. Ethik veraltet nicht, sie bleibt geistig jung wie der Mensch, der auf ihre Lehren eingeht.

Der ethische Imperativ zu 18 verschiedenen Modellen. Eine Zusammenfassung

(Die Sätze stammen nicht oder nicht wörtlich aus den Texten der genannten Personen oder Lehren, sondern ergeben sich indirekt daraus.)

1. Moses
Höre auf Gott und folge seinen Geboten!

2. Laotse
Lebe im Einklang mit dem Sinn der Welt!

3. Buddha
Lerne, nichts zu erwarten!

4. Platon
Strebe nach dem Wahren, Schönen und Gerechten!

5. Seneca
Rege dich nicht über die Welt auf, sonst hast du keine Freude am Leben!

6. Jesus
Liebe deine Feinde!

7. Lehre von den Tugenden und Sünden
Führe ein tugendhaftes Leben!

8. Gracian
Spiel eine Rolle!

9. Kant
Handle nach Grundsätzen, die sich verallgemeinern lassen!

10. Utilitarismus
Richte dich nach dem Nützlichen!

11. Sozialismus
Beteilige dich am Kampf um soziale Gerechtigkeit!

12. Schopenhauer
Empfinde Mitleid und handle danach!

13. Die Rechtsordnung
Halte dich an die Gesetze!

14. Existenzialismus
Sei ein Mensch!

15. Lehren der Biologie
Erkenne, wo du dich dem Befehl deines Körpers beugen und wo du dich ihm widersetzen musst!

16. Hedonismus
Sei ein Genießer und lebe deine Lust aus!

17. Technik und Wirtschaft
Bejahe die technische und wirtschaftliche Entwicklung, aber halte nicht kritiklos alles für gut, was sie als Fortschritt anpreist!

18. Weltverantwortung
Erkenne deine Verantwortung gegenüber der ganzen Welt!

Literatur

Altner: Günter: Naturvergessenheit – Grundlagen einer umfassenden Bioethik; Darmstadt 1991

von Glasenapp, Helmut (Hg.): Buddha, Pfad zur Erleuchtung, Düsseldorf/Köln 1956

Coing, Helmut: Grundzüge der Rechtsphilosphie, Berlin/New York 1993

Darwin, Charles: Die Entstehung der Arten durch natürliche Zuchtwahl (1859), Stuttgart 1953

Dawkins, R. : Das egoistische Gen, Berlin/Heidelberg/New York 1978

Drewermann, Eugen: Wort des Heils, Wort der Heilung – Von der befreienden Kraft des Glaubens, Düsseldorf 1988

Fromm, Erich: Anatomie der menschlichen Destruktivität, Stuttgart 1973

ders.: Haben oder Sein – Die seelischen Grundlagen einer neuen Gesellschaft, Stuttgart 1976

Geisen, Richard: Grundwissen Ethik, Stuttgart 1995

Schopenhauer, Arthur (Übers.): Balthazar Gracian: Handorakel und die Kunst der Weltklugheit, Essen/Stuttgart 1985

Gräb, Wilhelm/Rau, Gerhard (Hg. u. a.): Christentum und Spätmoderne – Ein internationaler Diskurs über praktische Theologie und Ethik, Stuttgart/Berlin/Köln 2000

Habermas, Jürgen: Faktizität und Geltung, Frankfurt a. M. 1992

ders.: Nachmetaphysisches Denken – Philosophische Aufsätze, Frankfurt a. M. 1988

Hare, Richard M.: Moralisches Denken: seine Ebenen, seine Methode, sein Witz, Frankfurt am Main 1992

Hauskeller, Michael: Auf der Suche nach dem Guten – Wege und Abwege der Ethik, Kusterdingen 1999

Hawking, Stephen W.: Einsteins Traum – Expeditionen an die Grenze der Raumzeit, Reinbek 1993

Höffe, Otfried: Vernunft und Recht – Bausteine zu einem interkulturellen Rechtsdiskurs, Frankurt a. M. 1996

Horster, Detlef: Postchristliche Moral – Eine sozialphilosophische Begründung, Hamburg 1999

Jarass, Hans/Pieroth, Bodo: Kommentar zum Grundgesetz für die Bundesrepublik Deutschland, München 2000

Jonas, Hans: Das Prinzip Verantwortung, Frankfurt am Main 1984

ders.: Philosophische Untersuchungen und metaphysische Vermutungen, Frankfurt a. M. 1994

Kant, Immanuel: Gesammelte Schriften, Berlin 1902/10

Kierkegaard, Sören: »Einübung im Christentum und anderes«, München 1977

Krippendorff, Eckehart: Die Kunst, nicht regiert zu werden – Ethische Politik von Sokrates bis Mozart, Frankfurt M. 1999

Küng, Hans: 20 Thesen zum Christsein, München 1975

ders. (Hg.): Ja zum Weltethos – Perspektiven für die Suche nach Orientierung, München/Zürich 1995

ders.: Projekt Weltethos, München/Zürich 1999

Laotse: Tao te king; Düsseldorf/Köln 1978

ders.: Tao te king, Text, Kommentare etc., Frankfurt a. M. 1955

ders.: Tao-Te-King, Interlaken 1988

Lenk, Hans: Pragmatische Vernunft, Stuttgart 1979

Lenk, Hans/Ropohl, Günther (Hg.): Technik und Ethik, Stuttgart 1987

Lorenz, Konrad: Das sogenannte Böse – Zur Naturgeschichte der Aggression, Wien 1963

ders.: Die acht Todsünden der zivilisierten Menschheit, München 1973

ders.: Das Wirkungsgefüge der Natur und das Schicksal des Menschen, München 1978

Lütterfelds, Wilhelm (Hg.): Evolutionäre Ethik zwischen Naturalismus und Idealismus – Beiträge zu einer modernen Theorie der Moral, Darmstadt 1993

Luhmann, Niklas: Soziale Systeme: Grundriss einer allgemeinen Theorie, Frankfurt a. M. 1984

Marc Aurel: Selbstbetrachtungen, Stuttgart 1973

Marcuse, Herbert: Das Ende der Utopie – Vorträge und Diskussionen in Berlin 1967, Frankfurt a. M. 1980

Maunz, Theodor/Dürig, Günter u. a.: Grundgesetz für die Bundesrepublik Deutschland, Kommentar, München 1999

Literatur

Meissner, Toni: Moses hol die Tafeln ab – Über den Verlust der alten
    Tugenden und unsere neue »Moral«, Stuttgart 1993
Mill, John Stuart: Der Utilitarismus(1861), Stuttgart 1985
ders.: Über die Freiheit (1859), Stuttgart 1974
Morus, Thomas: Utopia, Stuttgart 1964
Müller, Anselm Winfried: Ende der Moral?, Stuttgart/Berlin/Köln
    1995
Nietzsche, Friedrich: Werke, München/Wien 1973
Nussbaum, Martha C.: Gerechtigkeit oder Das gute Leben – Gen-
    der Studies, Frankfurt a. M. 1999
Pannenberg, Wolfhart: Grundlagen der Ethik, Göttingen 1996
Pieper, Annemarie: Einführung in die Ethik, Tübingen/Basel 2000
Riedl, Rupert: Die Strategie der Genesis, München 1984
Rousseau, Jean-Jacques: Kulturkritische und politische Schriften,
    Berlin 1989
Roxin, Claus: Strafrecht: Allgemeiner Teil, München 1997
Schelling, F.W.J.: Neue Deduktion des Naturrechts 1795, in: Schröter,
    Manfred (Hg.): Schellings Werke, 1. Hauptband, München 1927
Schopenhauer, Arthur: Werke, Zürich 1988
Schumpeter, Joseph A.: Kapitalismus, Sozialismus und Demokratie,
    Tübingen/Basel 1993
Schweitzer, Albert: Die Weltanschauung der indischen Denker –
    Mystik und Ethik, München 1965
ders.: Die Lehre von der Ehrfurcht vor dem Leben – Grundtexte
    aus fünf Jahrzehnten, München 1966
Seneca, Lucius Annaeus: Briefe an Lucilius, Leipzig 1924
ders.: Vom glückseligen Leben – Auswahl aus seinen Schriften,
    Stuttgart 1974
Shapiro, Robert: Schöpfung und Zufall, München 1987
Smith, Adam: Der Wohlstand der Nationen – Eine Untersuchung
    seiner Natur und seiner Ursachen, München 1993
de Spinoza, Benedictus (Baruch, Bento): Die Ethik, Schriften und
    Briefe, Stuttgart 1976
Steinbuch, Hans: Maßlos informiert – Die Enteignung unseres
    Denkens, München 1978
Tugendhat, Ernst: Probleme der Ethik, Stuttgart 1984
Weber, Max: Der Sozialismus, Weinheim 1995
ders.: Wissenschaft als Beruf (1917), Stuttgart 1995
Wessels, Johannes/Beulke, Werner: Strafrecht: Allgemeiner Teil,
    Heidelberg 1999

Wickler, Wolfgang: Die Biologie der Zehn Gebote – Warum die Natur für uns kein Vorbild ist, München/Zürich 1991

Williams, Bernard: Der Begriff der Moral – Eine Einführung in die Ethik, Stuttgart 1978

Wilson, Edward O.: Biologie als Schicksal. Die soziobiologischen Grundlagen menschlichen Verhaltens, Frankfurt a. M. 1980

Woltersdorf, Hans Werner: Denn der Geist ist's, der den Körper baut – Die Irrlehren des wissenschaftlichen Materialismus, München 1991

Zahrnt, Heinz: Leben als ob es Gott gibt, München 1992

Zippelius, Reinhold: Rechtsphilosophie, München 1994

Die Deutsche Bibliothek – CIP-Einheitsaufnahme
Ein Titeldatensatz für diese Publikation ist bei
Der Deutschen Bibliothek erhältlich.

1   2   3   4   5   06   05   04   03   02

© 2002 Kreuz Verlag GmbH & Co. KG Stuttgart, Zürich
Ein Unternehmen der Verlagsgruppe Dornier
Postfach 80 06 69, 70506 Stuttgart, Tel. 0711-78 80 30
Sie erreichen uns rund um die Uhr unter www.kreuzverlag.de
Umschlaggestaltung: Atelier Reichert, Stuttgart
Satz: de·te·pe, Aalen
Druck und Bindung: GGP Media, Pößneck
Die Schreibweise entspricht den Regeln
der neuen Rechtschreibung.
ISBN 3 7831 2114 0

Zufall oder göttlicher Wille?

Rupert Riedl
Zufall, Chaos, Sinn
200 Seiten, Hardcover
ISBN 3 7831 1852 2

Sind wir Menschen gewollt oder ein Zufallsprodukt der Evolution? Haben wir ein Ziel in der Welt? Und wozu sind Bewusstsein und Sprache, Verstand, Philosophie und Wissenschaft entstanden? Diesen und weiteren Fragen geht der bekannte und renommierte Wiener Autor in einem spannenden Dialog zwischen Natur- und Geisteswissenschaften nach.

KREUZ: Was Menschen bewegt.
www.kreuzverlag.de